일주일 만에 끝내는 수학 교과서 3학년

2011년 12월 1일 초판 1쇄 펴냄

펴낸곳 | ㈜꿈소담이
펴낸이 | 김숙희
기획·글 | 로운어린이교육연구회
그림 | 최영아

주소 | 136-023 서울특별시 성북구 성북동 1가 115-24 4층
전화 | 747-8970 / 742-8902(편집) / 741-8971(영업)
팩스 | 762-8567
등록번호 | 제6-473(2002. 9. 3)

홈페이지 | www.dreamsodam.co.kr
전자우편 | isodam@dreamsodam.co.kr

ⓒ 로운어린이교육연구회, 2011
ISBN 978-89-5689-774-5 74800
     978-89-5689-704-2 74800 (세트)

● 책 가격은 뒤표지에 있습니다.
● 꿈소담이의 좋은 책들은 어린이와 세상을 잇는 든든한 다리입니다.

일주일 만에 끝내는 수학 교과서

3학년

로운어린이교육연구회 기획 · 글
최영아 그림

어린이 여러분, 수학의 세계로 놀러 온 것을 환영해요. 여러분은 수학이 재미있나요? 수학은 어렵고 복잡하기만 하다고요? 덧셈, 뺄셈만 할 줄 알면 되지 굳이 어려운 수학의 원리를 왜 배워야 하냐고요?

하지만 복잡하고 어려운 수학 공식이 생활 속에서 만들어졌다는 사실, 알고 있나요? 수학은 원래 건물을 짓고, 시계를 만들고, 우주의 원리를 이해하기 위해 만들어졌어요. 그만큼 우리 생활과 관련이 깊다는 얘기겠지요.

3학년은 수학 실력 쌓기에 아주 중요한 학년이에요. 1, 2학년 때는 수학이란 과연 어떤 과목인지를 배운 것이었다면, 3학년부터는 본격적으로 수학의 바탕을 쌓는 시기라고 할 수 있어요. 1, 2학년 때 배웠던 기초 원리들을 3학년 때 모두 정리하지요. 셀 수 있는 숫자 범위도 백 단위에서 만 단위까지로 늘어나고, 수학의 기본 원리인 사칙연산(덧셈, 뺄셈, 곱셈, 나눗셈)을 모두 배우게 돼요. 나눗셈은 3학년 때 처음 나오는 원리예요. 나눗셈부터 수학을 어려워하는 친구들이 생기기 시작해요. 하지만 걱정할 필요 없어요. 이 책을 통해서 나눗셈을 머릿속에 쏙쏙 집어넣어 줄게요.

3학년이 되면 지금까지 보지 못했던 새로운 모습의 수를 만나게 돼요. 분수와 소수가 바로 그 친구들이에요. 분수와 소수가 어떤 친구들인지 잘 이해해 두면 고학년 때 나오는 분수, 소수의 사칙연산이 쉬워질 거예요.

또, 3학년 때에는 도형이 무엇인지 제대로 배우기 시작해요. 그전까지는 세모, 네모라고 불렀지만 이제는 세모를 삼각형으로, 네모를 사각형으로 바꾸어 불러요. 세모의 생긴 모양에 따라 종류도 나눈답니다. 아참, 원에 대해서도 배우는군요.

처음 나오는 것들이 너무 많아서 걱정된다고요? 하지만 몇 가지만 기억해 둔다면 어렵지 않게 3학년 수학을 따라잡을 수 있어요.

첫 번째는 원리를 이해해야 해요. 수학은 구구단 같은 공식만 외우면 된다고 하는 사람들도 있어요. 하지만 원리를 이해하지 못하면 복잡한 문제를 풀기 어려워요. 어떻게 답이 나오는지 그 과정을 꼭 알고 넘어가야 해요.

두 번째는 책을 많이 읽으세요. 수학 공부하는 데 갑자기 웬 책 이야기냐고요? 수학은 원래 생활에서 필요한 문제점을 해결하기 위해 생겨난 것이라고 얘기했었지요? 그래서 학교에서는 수학 문제가 이야기 형식으로 나와요. 그러므로 이야기를 잘 읽고 무엇을 물어보는지 알아낼 수 있어야 해요. 그러려면 꾸준히 책을 읽어서 이해력을 높여야겠지요.

세 번째는 문제를 많이 풀어 보세요. 덧셈이나 뺄셈이 쉽다고 덤벙덤벙 문제를 푸는 친구들이 많아요. 수학에서는 1만 잘못 더하거나 빼도 틀린 답이 나오는 것을 잘 알고 있지요? 실수를 하는 것도 실력이 부족하기 때문이에요. 문제를 많이 풀어 보고 생각하게 되면 실수도 줄고, 실력도 올라갈 거예요.

이제 준비가 되었나요? 일주일 후면 여러분 마음속에 수학에 대한 자신감이 쑥쑥 자랄 거예요.

로운어린이교육연구회

차례

머리말 _ 8

이렇게 공부해요   12

월요일 도전 숫자 10000!   14

화요일 어려운 곱셈도 척척!   48

수요일 도형 제대로 알기   82

목요일 곱셈을 뒤집으면 나눗셈! 112

금요일 분수, 소수 내 친구 만들기! 138

토요일 생활 속 단위, 이제는 문제없어! 166

일요일 보기도 쉽게! 풀기도 쉽게!
그래프를 배워요 198

누구나 할 수 있는 4단계 입체 학습법

이렇게 공부해요

1단계 핵심 원리 예습하기

교과서에 나온 단원 별 핵심 원리가 만화로 나옵니다. 동화를 읽기 전에 미리 만화를 읽으면 어떤 것을 배워야 할지 예습할 수 있습니다.

2단계 동화 읽기

일주일 동안 한 편씩 동화를 읽다 보면, 나도 모르게 어려운 공부가 저절로 됩니다. 원리가 그림으로 풀이되어 쉽게 배울 수 있습니다.

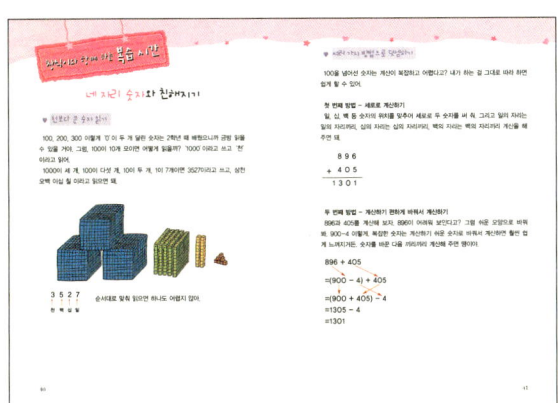

3단계 원리 익히며 복습하기

동화 속에 나왔던 핵심 원리를 다시 한 번 읽어 보면 절대 잊지 않습니다. 동화 속 주인공이 나와 복습을 도와줍니다.

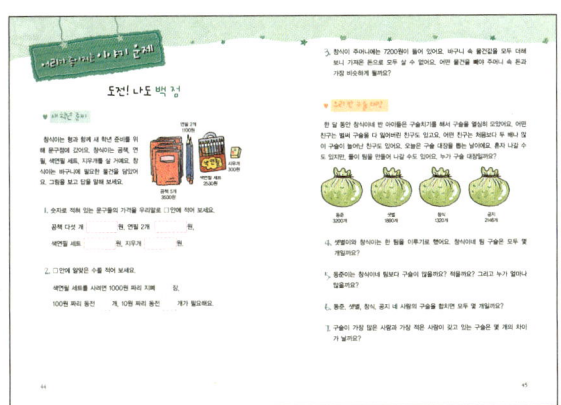

4단계 도전! 머리가 좋아지는 문제

다 배웠으면 백 점 만점에 도전해야지요? 단순한 문제가 아니라, 머리가 좋아지는 문제입니다. 이야기에 숨어 있는 재미있는 문제를 풀다 보면 상상력, 창의력, 논리력이 쑥쑥 자라게 됩니다.

* 이 책의 편집 방침은 현행 교과서를 따랐습니다.

도전, 숫자 10000!

공부할 내용

- 몇 천을 셀 수 있어요.
- 세 자리 수 덧셈, 뺄셈을 할 수 있어요.
- 여러 가지 방법으로 덧셈, 뺄셈을 할 수 있어요.
- 숫자 세 개도 문제 없어요.

교과서 찾아보기

3학년 1학기

1단원 10000까지의 수
1. 1000
2. 몇천
3. 네 자리 수
4. 자릿값
5. 수를 뛰어 세기
6. 두 수의 크기 비교

2단원 덧셈과 뺄셈
1. 세 자리 수의 덧셈
2. 덧셈의 여러 가지 방법
3. 세 자리 수의 뺄셈
4. 뺄셈의 여러 가지 방법

3학년 2학기

1단원 덧셈과 뺄셈
1. (네 자리 수) + (세 자리 수)
2. (네 자리 수) + (네 자리 수)
3. (네 자리 수) − (세 자리 수)
4. (네 자리 수) − (네 자리 수)
5. 세 수의 덧셈과 뺄셈

창식이와 함께 하는 예습 시간

할아버지표 수표

숫자는 경제 생활의 기초! 숫자를 알아야 손해를 보지 않아요.

미로 공원에서 길을 잃다

잠꾸러기야, 일어나!
잠꾸러기야, 일어나!

"슈슈! 조용히 해! 아직 일어날 시간 아니란 말이야."
창식이는 슈슈의 시끄러운 목소리에 짜증을 내면서 일어났다.

서둘러! 서둘러! 늦었단 말이야.
서둘러! 서둘러! 늦었단 말이야.

슈슈는 지난 어린이날 창식이가 아빠한테 선물로 받은 미니 로봇이다. 선물을 받고 3일 정도, 창식이는 정말 뿌듯했다. 아직 개인 로봇이 없는 친구도 많은데 어엿한 자기만의 로봇이 생겼기 때문이다.

하지만 솔직히 요즘은 힘들어 죽을 지경이다. 아직 교육을 제대로 시키지 못해서 철부지 막내 동생이 따로 없다. 분위기 파악 못하고 큰 소리로 떠들기 일쑤고, 잘못된 답을 가르쳐 줘서 망신도 여러 번 당했다.

창식이는 슈슈의 모니터를 보면서 쥐어박는 시늉을 했다.

"슈슈, 왜 이렇게 호들갑이야. 아직 학교에 가려면 멀었는데."

그때, 모니터에 '2020년 5월 13일, 환상미로 공원 체험 학습날'이라는 빨간 글씨가 깜박였다. 아차! 오늘은 일찍 일어나야 하는 날이었구나. 창식이는 서둘러 가방을 메고, 슈슈를 주머니에 챙겨 넣었다.

야호! 미로 공원으로 놀러간다~

버스는 환상미로 공원 마당에 아이들을 내려놓았다. 환상미로 공원의 입구는 쩍 벌린 상어의 입처럼 생겼다. 커다랗고 뾰족한 이빨 사이로 아이들이 줄줄이 들어간다.

선생님은 남자 둘에 여자 한 명씩 짝을 지어 주셨다. 창식이는 잘난 척 대장 샛별이, 학급 제일의 개구쟁이 동준이와 짝이 되었다. 체험 학습을 제대

로 할 수 있을까, 창식이는 벌써 걱정스러웠다.

　상어의 이빨은 진짜 상어의 것처럼 크기도 엄청나고 무시무시해 보였다. 그 상어의 커다란 앞니에 생뚱맞게 1000이라는 숫자가 쓰여 있었다.

　샛별이가 그것을 보고,

"선생님, 상어 이빨에 100이라고 쓰여 있어요."

　창식이는 옆에서 샛별이를 쿡 찔렀다.

"100 옆에 동그라미가 하나 더 있잖아."

"창식이 말이 맞아요. 그건 백이 아니라 천이라고 읽어요. 우리는 2학년 때 십이 열 개 모인 백이라는 숫자를 배웠어요. 그리고 다시 백이 열 개가 모이면 천이 되는 거예요.

천은 구백보다 백만큼 큰 숫자예요. 백, 이백 읽었던 것처럼 천, 이천, 삼천 읽으면 되는 거예요."

"선생님, 그런데 상어 이빨에 왜 천이라고 쓰여 있는 거예요?"

옆 모둠의 공지가 물었다.

✻ 천보다 큰 숫자는 어떻게 읽지?

숫자는 동그라미가 하나씩 늘어날 때마다 읽는 방법이 달라져요. 동그라미가 하나씩 늘어난다는 것은 숫자 10개를 더한 것과 같은 의미예요. 그러니까 결국 10배를 뜻하는 거죠.

1이 10개 모이면 10
10이 10개 모이면 100
100이 10개 모이면 1000

그럼, 1000 다음은 어떻게 읽을까요? 1000이 10개 모이면 만이 돼요. 만까지는 동그라미 하나가 늘어날 때마다 읽는 방법이 달라요. 하지만 만부터는 일부터 천까지 단위를 똑같이 반복해 주면 돼요. 그러니까 만, 십만, 백만, 천만 이렇게요. 천만을 10개 더하면 이제 숫자 억이 되는 거예요. 그럼 억을 10개 더하면 그 숫자를 어떻게 읽을까요? 맞았어요. 바로 10억이에요. 숫자를 읽는 단위를 알아 두면 큰 숫자라도 쉽게 읽을 수 있어요.
이제 어떤 크기의 숫자라도 잘 읽을 자신 있죠!

숫자	읽기	숫자	읽기
1	일	100,000,000	억
10	십	1,000,000,000,000	조
100	백	10,000,000,000,000,000	경
1000	천	100,000,000,000,000,000,000	해
10000	만	인간이 셀 수 있는 가장 큰 단위	구골

선생님은 출발하기 전, 환상미로 공원의 구조와 자유 시간을 어떻게 보내면 되는지 설명하셨다. 환상미로 공원은 모두 25개의 네모난 동굴로 연결되어 있다. 네모난 동굴에는 사방으로 나갈 수 있도록 4개의 입구가 있어서 자칫 잘못하면 동굴을 돌아다니다 길을 잃을 수 있다. 그래서 이곳 이름도 환상미로 공원이라고 붙여진 것이다.

'미로 공원은 이해가 되는데, 환상은 왜 붙었지?'

창식이는 미로 공원을 다니면서 그 이유를 찾아봐야겠다고 생각했다. 참, 상어 이빨에 붙은 '1000' 이라는 숫자는 이 동굴의 이름이다.

"이제 2시간 20분 동안 자유롭게 미로 공원을 돌아다니도록 해요. 지도를 잘 보지 않고 다니면 길을 잃기 쉬워요. 조금 있다 이 미로 공원의 지도를 나눠 줄 테니까 꼭 가지고 다녀야 해요. 미로 공원 안에는 여러 개의 보물이 숨겨져 있어요. 가장 많은 보물을 찾아온 모둠에게는 한 달 동안 숙제 면제권을 주겠어요."

그런데 선생님이 설명하시는 동안 주머니 속에 있는 슈슈가 계속 이상한 소리를 냈다.

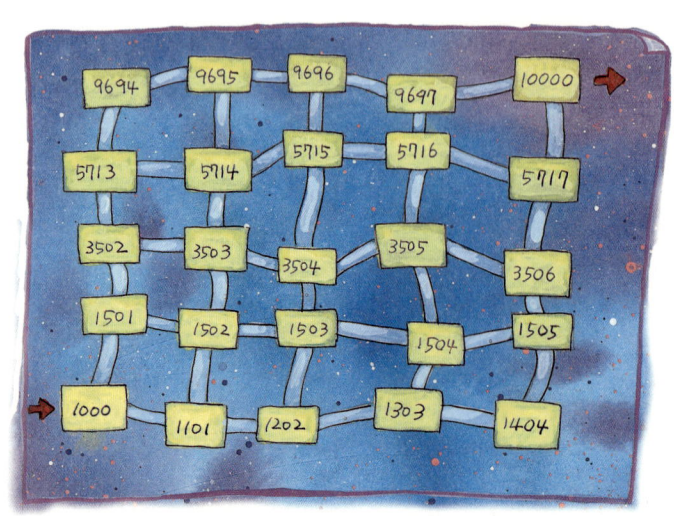

'슈슈, 조용히 해. 선생님한테 들킨단 말이야.'

창식이는 슈슈에게 작게 속삭였다. 체험 학습을 올 때 미니 로봇은 가져오지 말라고 하셨기 때문이다. 만약

들키면 빼앗길 게 분명하다.

이때, 갑자기 슈슈가 주머니에서 불쑥 튀어나오더니 동굴 안쪽으로 휙 날아가 버렸다.

"슈슈! 야, 너 어디가?"

창식이는 슈슈를 잡기 위해 동굴 안쪽으로 뛰어갔다. 샛별이와 동준이도 줄줄이 사탕처럼 창식이를 따라 뛰었다. 샛별이가 천방지축 동준이가 마음대로 돌아다니지 못하도록 손목을 묶어 기차처럼 이어 놓기 때문이다. 뛰어가는 아이들을 보면서 반 친구들이 웃기 시작했다.

"쟤네들 뭐하냐? 크크크."

"얘들아, 아직 설명 안 끝났어. 지도도 받아 가야지!"

뒤에서 선생님의 목소리가 들렸다.

슈슈는 상어 머리 모양의 동굴을 빠져 나가 옆 동굴로 슝~ 들어갔다. 인디아나 존스 영화 속에 나오는 동굴처럼 생긴 이상한 바위 동굴이다. 그곳에서 간신히 슈슈를 붙잡았다.

"야, 그렇게 네 멋대로 뛰면 어떻게 해. 모두 넘어질 뻔했잖아!"

샛별이가 퉁박을 줬다.

"아, 미안해. 사실은 이놈 때문에."

창식이는 뒤에 감췄던 슈슈를 꺼내 보였다.

"선생님이 미니 로봇은 가져 오지 말랬잖아. 선생님께 일러 줄 거야. 아까 왔던 곳으로 빨리 가자. 지도 받아 와야지!"

샛별이가 앞장서서 걸었다. 그런데 막 동굴을 빠져 나가려고 하는 그때, 갑자기 동굴 입구에 커다란 바윗돌이 쿵 하고 떨어졌다.

"어, 이게 뭐야. 무슨 일이지?"

동준이가 아무렇지도 않게, "내가 이거 눌러서 그런가 봐." 라고 말했다.

아이들은 쏜살같이 동준이에게 달려갔다. 동굴 벽면에 여러 개의 이상한 불빛이 나오는 버튼이 달려 있었다. 그중 빨간 버튼 밑에는 선명하게 이렇게 쓰여 있었다.

절대 누르지 마시오.

역시 장난꾸러기 동준이다. 지금까지 활짝 열려 있던 동굴 입구는 언제 그랬냐는 듯 막혀 버렸다. 아이들은 무서워졌다. 샛별이가 동준이에게 소리쳤다.

"야, 절대 누르지 말라고 써 있잖아. 이제 어떡해. 네가 책임져."

동준은 머리를 긁적이며 말했다.

"다시 한 번 눌러 보지 뭐."

동준이가 빨간 버튼을 다시 누르자 '바보, 바보, 바보'라고 메아리가 울렸다. 이것저것 다른 버튼을 눌러 봤지만 바위문은 꿈쩍도 하지 않았다.

혹시나 문을 여는 다른 장치라도 있나 싶어 창식이는 바위문 옆을 이리저리 살펴보았다. 그런데 바위문 아래쪽에 깨알같이 작은 글씨로 무언가 적혀 있었다.

2050에서 천씩 세 번 뛰어 센 숫자는 얼마인가요?

아이들은 바위문에 왜 그런 글이 쓰여 있는지 알 수가 없었다. 바위문 주위에는 암호 같은 글씨 외에 문을 여는 어떤 장치도 보이지 않았다. 창식이는 동준이가 눌렀던 빨간 버튼 옆에 파란 버튼이 있었다는 게 떠올랐다.

"빨간 버튼을 눌렀을 때 바위문이 닫혔잖아. 그럼 옆에 있는 파란 버튼을 누르면 다시 문이 열리지 않을까?"

"맞다. 빨리 눌러 봐. 빨리 눌러 봐."

동준이는 벌써 문이 열리기라도 한 듯 신 나게 말했다.

하지만 창식이가 파란 버튼을 눌러도 문은 안 열리고 이상한 소리만 들렸다.

'암호를 대시오. 암호를 대시오.'

암호가 뭐지? 아이들은 무슨 말인지 영문을 몰라서 쩔쩔맸다. 창식이는 아까 바위문 밑에 적혀 있던 이상한 글에 해답이 있을 것만 같았다.

"애들아, 여기 써 있는 글이 힌트 아닐까?"

샛별이는 가만히 그 글을 보더니,

"아까 선생님이 천씩 뛰어 셀 때는 일, 이, 삼처럼 천, 이천, 삼천 이렇게

센다고 했어. 그럼 2050에서 천씩 세 번 뛰어 세면,

3050(삼천오십), 4050(사천오십), 5050(오천오십)

오천오십이 암호야! 틀림없어."

동준이가 재빨리 파란 버튼을 누르며 오천오십이라고 말하자 거짓말처럼 바위문이 스르르 열렸다.

"와! 열렸다."

아이들은 재빨리 뛰어 나갔다.

"어! 이 길은 아까 우리가 왔던 길이 아니야. 다른 문을 열어야 해. 그래야 지도를 받을 수 있어."

아이들은 실망했다.

"다른 바위문 옆에도 바위문을 여는 암호가 숨겨져 있을지 몰라. 빨리 다른 바위문을 살펴보자!

샛별이가 반대편 바위문 쪽으로 걸어가며 말했다.

"어, 그러고 보니 바위문 옆마다 이상한 글이 쓰여 있네!"

아이들은 바위문에 적혀 있는 글들을 꼼꼼히 읽어 보기로 했다.

이 동굴에는 896개의 다이아몬드와 405개의 금덩이가 숨겨져 있답니다. 모두 몇 개의 보물이 숨겨져 있을까요?

"896에다가 405개를 더하면 1,291개의 보물이 숨겨져 있다는 거네."

샛별이가 파란 버튼을 누르면서 재빨리 말했다.

"천이백구십일 개요."

동준이는 존경스러운 눈빛으로 샛별이를 보면서 말했다.

"와, 샛별이는 천재인가 봐. 어떻게 그렇게 금방 알아낸 거냐?"

그런데 바위문은 열리지 않고 천천히 아이들 쪽으로 움직이기 시작했다.

"어, 어떻게 된 거지? 다시 누르고 말해 봐."

샛별이는 다시 한 번 파란 버튼을 누르고 아까와 똑같이 '천이백구십일'이라고 말했다.

이번에도 바위문은 열리지 않고 아까보다 많이 아이들 쪽으로 다가왔다.

"어떡해. 동굴이 점점 좁아지고 있어. 이러다 바위에 눌려 죽을 것 같아."

샛별이가 놀라서 소리를 질렀다.

옆에서 암호문을 뚫어지게 보고 있던 창식이가 파란 버튼을 누르고 암호를 다시 말했다.

"1301. 천삼백일."

그러자 바위문이 사르르 열렸다. 아이들은 모두 '와' 하고 손뼉을 쳤다.

✲ 여러 가지 방법으로 덧셈을 할 수 있어요!

더하고 빼야 할 숫자가 많아지니까 복잡하고 어렵죠? 하지만 쉽고 간단하게 덧셈과 뺄셈을 할 수 있는 방법이 있어요.

★ 기본 방법

뺄셈과 덧셈을 할 때, 숫자의 위치를 맞추어 세로 쓰기를 해요. 그리고 일의 자리 숫자끼리, 십의 자리 숫자끼리, 백의 자리 숫자끼리 계산을 해 주면 돼요.

$$\begin{array}{r} 8\,9\,6 \\ +\ 4\,0\,5 \\ \hline 1\,3\,0\,1 \end{array}$$

★ 다른 방법, 하나

각각의 숫자끼리 계산하기가 복잡하다구요? 그럼, 일단 백의 자리만 먼저 더해 볼까요?

그럴 때에는 한쪽 숫자는 그대로 놔두고 나머지 다른 숫자는 백의 자리와 나머지 숫자로 나누어 표시해요.

"이상하다. 1291이 맞는데."

샛별이는 창피해서 얼굴이 빨개졌다.

"일의 자리에서 받아올린 10을 빠뜨렸기 때문에 1291이 나온 거야."

창식이는 아무 일도 아니라는 듯 작은 목소리로 말했다.

$$896 + 405$$
$$=(900 - 4) + 405$$
$$=(900 + 405) - 4$$
$$=1305 - 4$$
$$=1301$$

★ 다른 방법, 둘

계산할 때, 몇백 몇십 자리끼리, 일의 자리끼리 계산하는 거예요. 특히 올림이 많은 숫자를 계산할 때 사용하면 쉽게 답을 구할 수 있어요.

$$896 + 405$$
$$=(890 + 400) + (6 + 5)$$
$$=1290 + 11$$
$$=1301$$

숫자의 길이가 늘어나도 마찬가지예요. 숫자의 위치를 맞추거나 계산하기 편한 숫자로 바꾸어서 계산하면 쉽게 답을 구할 수 있어요. 이제 어떤 숫자가 나와도 덧셈, 뺄셈을 쉽게 할 수 있겠죠?

동굴에서 빠져나온 아이들은 한참을 걸었지만 새로운 동굴도, 상어 모양 동굴도 나오지 않았다. 아이들은 도대체 여기가 어딘지 가늠할 수가 없었다. 동굴 안의 길은 어두웠다. 멀리서 이상한 소리가 들리는 듯했다.

다행히 중간 중간에 별 모양의 램프가 매달려 있었다. 한참을 걷던 창식이가 벽에 걸려 있는 별 램프를 하나 떼어서 손에 들었다.

"왜?"

동준이가 물었다.

"혹시 껌껌한 곳을 지나가게 될까 봐."

창식이가 대답했다.

샛별이는 무섭다며 창식이와 동준이의 사이에 끼어서 걸었다. 샛별이가 갑자기 걸음을 멈추었다.

"얘들아, 저기 위에 뭐가 있는 거 같아!"

아이들이 가까이 다가가 보니 천장에 나침반이 매달려 있었다.

"혹시 모르니까 가져가 보자."

창식이가 말했다.

길은 끝없이 계속 이어지고 있었다.

"안 되겠다. 아까 왔던 동굴로 다시 돌아가자."

아이들은 다시 인디아나 존스 동굴로 돌아가기로 했다.

아이들은 두 번째 바위문까지 열었지만 상어 동굴은 찾지 못하고 동굴로 돌아왔다.

"이러다가 정말 우리 이 미로 속에서 영영 못 나갈 수도 있겠는걸."

동준이가 심드렁하게 말했다.

샛별이가 눈을 흘기며 말했다.

"이게 다 너 때문이잖아. 지도도 못 받고. 시간 없어. 빨리 나머지 암호나 찾아 봐."

잠시 후 아이들은 또 하나의 암호를 발견했다.

1953 + 2879 – 2388을 계산하면 어떤 숫자가 나올까요?

암호는 점점 복잡해지고 있었다. 샛별이가 말했다.

"동굴이 좁아질지도 모르니까 조심해야 해. 틀리면 안 돼."

아이들은 계산하기 쉬운 숫자부터 더하기로 했다. 작은 크기의 숫자 두 개를 더한 다음 제일 큰 숫자를 뺐다.

파란 버튼을 누르고 답을 말했지만 문은 열리지 않았다. 아이들은 한 발 뒤로 물러서며 벽을 바라보았다. 하지만 벽은 꿈적하지 않았다. 그런데 이번에는 위에서 쿵 소리가 났다.

"이번에는 천장이 내려오나 봐!"

동준이가 겁에 질린 목소리로 말했다.

"야! 제대로 좀 해 봐."

여러 번 방법을 바꾸어 계산해 봤지만 좀처럼 암호를 풀 수 없었다. 동굴 천장은 점점 내려와 이제 아이들은 쪼그려 앉아야 했다.

✱ 세 수의 덧셈과 뺄셈을 할 수 있어요!

긴 숫자를 두 개, 세 개 더할 수도, 뺄 수도 있어요. 원칙만 기억하면 문제없어요.

★세 개의 숫자를 더할 때
첫째. 앞에 있는 두 개의 숫자를 더해 줘요.
둘째. 숫자를 더한 값과 마지막 세 번째 숫자를 더해요.
셋째. 순서를 바꾸어 더해도 값은 같아요.
넷째. 세 개의 숫자를 한꺼번에 더해도 괜찮아요.

★세 개의 숫자를 뺄 때
첫째. 앞에 있는 두 개의 숫자로 뺄셈을 해요.
둘째. 뺄셈한 답에서 세 번째 숫자를 다시 빼 줘요.
셋째. 반드시 앞에서부터 계산해야 해요.
넷째. 한꺼번에 계산하면 답이 틀리게 나올 수 있어요.

★덧셈과 뺄셈이 섞인 세 개의 수를 계산할 때
첫째. 앞에 있는 두 개의 숫자를 계산해요.
둘째. 반드시 앞에서부터 풀어야 해요.
셋째. 덧셈과 뺄셈의 순서를 함부로 바꾸면 안 돼요.

"얘들아, 옛날에 배운 걸 잘 생각해 봐. 여러 개의 숫자를 계산할 때 순서를 바꾸지 말라고 했던 거 같아."

아이들은 앞에서부터 숫자 두 개를 더해서 중간 값을 구하기로 했다. 그리고 그 값에서 다시 세 번째 숫자를 뺐다. 그랬더니 2444가 나왔다.

"이번에도 틀리면 바위 천장이 머리에 닿을 거야."

샛별이가 자신 없다는 듯 시무룩하게 말했다.

이번엔 다행히도 정답을 말해서 세 번째 바위문이 열렸지만 상어 모양 동굴은 나타나지 않았다.

창식이는 친구들에게 말했다.

"아무래도 안 되겠어. 일단 다른 동굴로 가 보자."

"길을 잃어버릴지도 모르니까 방향을 정하고 출발해야 해."

동준이는 컵스카웃에서 배운 걸 생각해 냈다.

일단 나침반 바늘이 가리키는 북쪽으로 방향을 잡았다.

✻ 받아올림과 받아내림

덧셈을 할 때에는 일의 자리부터 계산해야 해요. 왜냐하면 받아올림이 생길 수 있기 때문이죠. 일의 자리를 더했는데 10이 넘으면 1을 10의 자리로 올려 줘야 해요. 계산할 때는 10의 자리 수끼리 더할 때 1을 더하면 돼요.

1의 자리에서 받아올림한 숫자는 10을 말하는 거예요. 십의 자리에서 받아올린 수는 100을, 백의 자리에서 받아올리면 1000을 뜻하는 거랍니다. 계산하는 숫자가 아무리 늘어도 바로 윗자리 숫자로 받아올림 한다는 것만 기억하면 복잡한 덧셈도 쉽게 끝낼 수 있어요.

받아내림을 할 때는 바로 앞자리 숫자에서 1을 꾸어 오면 돼요. 일의 자리 숫자끼리 뺄 수 없으면 10의 자리에서 1을 꾸어 와요. 십의 자리에서 뺄 수 없으면 100의 자리에서 꾸어 오면 돼요. 100의 자리에서는 1000의 자리에서 숫자를 꾸어 오면 되겠죠. 받아올림과 받아내림 한 숫자를 빠뜨리지 않아야 실수하지 않아요.

창식이와 함께 하는 복습 시간

네 자리 숫자와 친해지기

♥ 천보다 큰 숫자 읽기

100, 200, 300 이렇게 '0'이 두 개 달린 숫자는 2학년 때 배웠으니까 금방 읽을 수 있을 거야. 그럼, 100이 10개 모이면 어떻게 읽을까? '1000'이라고 쓰고 '천' 이라고 읽어.

1000이 세 개, 100이 다섯 개, 10이 두 개, 1이 7개이면 3527이라고 쓰고, 삼천 오백 이십 칠 이라고 읽으면 돼.

3 5 2 7
↑ ↑ ↑ ↑
천 백 십 일

순서대로 맞춰 읽으면 하나도 어렵지 않아.

♥ 여러 가지 방법으로 덧셈하기

100을 넘어선 숫자는 계산이 복잡하고 어렵다고? 내가 하는 걸 그대로 따라 하면 쉽게 할 수 있어.

첫 번째 방법 – 세로로 계산하기

일, 십, 백 등 숫자의 위치를 맞추어 세로로 두 숫자를 써 줘. 그리고 일의 자리는 일의 자리끼리, 십의 자리는 십의 자리끼리, 백의 자리는 백의 자리끼리 계산을 해 주면 돼.

```
    8 9 6
+   4 0 5
---------
  1 3 0 1
```

두 번째 방법 – 계산하기 편하게 바꿔서 계산하기

896과 405를 계산해 보자. 896이 어려워 보인다고? 그럼 쉬운 모양으로 바꿔 봐. 900-4 이렇게. 복잡한 숫자는 계산하기 쉬운 숫자로 바꿔서 계산하면 훨씬 쉽게 느껴지거든. 숫자를 바꾼 다음 끼리끼리 계산해 주면 땡이야.

896 + 405

= (900 − 4) + 405

= (900 + 405) − 4

= 1305 − 4

= 1301

♥ 네 자리 수 더하기와 빼기

큰 숫자를 더하거나 뺄 때 제일 중요한 것은 자리에 맞춰서 계산하는 거야. 세 자리 수든 네 자리 수든 모두 자리만 잘 맞추어서 계산해 주면 쉽게 문제를 풀 수 있어.

더하기를 할 때 주의할 점은 끼리끼리 계산한 후, 합이 십이거나 십보다 크면 1을 받아올림 해 줘야 해. 뺄셈할 때는 끼리끼리 뺄 수 없을 때, 위에서 받아내림을 해 주면 되는 거야.

네 자리 수 더하기

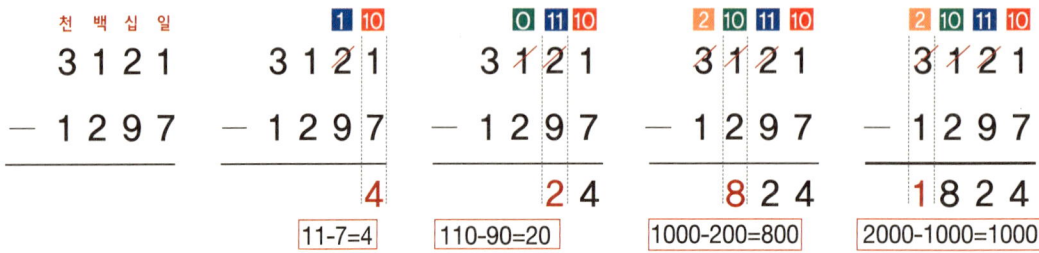

네 자리 수 빼기

♥ 세 수의 덧셈과 뺄셈

이제 여러 개의 숫자를 더하고 빼는 놀이를 해 보자. 두 개를 계산할 때는 숫자 단위끼리만 잘 맞추어도 쉽게 할 수 있지만, 여러 개의 숫자를 계산할 때는 조심해야 할 것이 있어. 바로 뺄셈이 있을 때야. 이제 세 개의 숫자를 더할 때, 뺄 때, 더하기와 빼기가 섞여 있을 때, 요술처럼 쓸 수 있는 비법을 알려 줄게.

세 개의 숫자를 더할 때
첫째. 앞에 있는 두 개의 숫자를 더해.
둘째. 숫자를 더한 값과 마지막 세 번째 숫자를 더하면 돼.
셋째. 순서를 바꾸어 더해도 값은 같으니까 순서는 편한대로.

세 개의 숫자를 뺄 때
첫째. 맨 앞에 있는 숫자에서 두 번째 숫자를 빼.
둘째. 뺄셈한 답에서 세 번째 숫자를 다시 빼는 거야.
셋째. 반드시 앞에서부터 해야 해.
넷째. 한꺼번에 계산하면 답이 틀리게 나올 수 있으니까 조심해야 해.

덧셈과 뺄셈이 섞인 세 개의 수를 계산할 때
첫째. 앞에 있는 두 개의 숫자를 계산해.
둘째. 반드시 앞에서부터 풀어야 해.
셋째. 덧셈과 뺄셈의 순서를 함부로 바꾸면 큰일 나.

머리가 좋아지는 이야기 문제

도전! 나도 백점

♥ 새 학년 준비

창식이는 형과 함께 새 학년 준비를 위해 문구점에 갔어요. 창식이는 공책, 연필, 색연필 세트, 지우개를 살 거예요. 창식이는 바구니에 필요한 물건을 담았어요. 그림을 보고 답을 말해 보세요.

공책 5개 3500원
연필 2개 1100원
색연필 세트 2530원
지우개 300원

1. 숫자로 적혀 있는 문구들의 가격을 우리말로 □ 안에 적어 보세요.

   공책 다섯 개 [   ]원, 연필 2개 [   ]원,

   색연필 세트 [   ]원, 지우개 [   ]원.

2. □ 안에 알맞은 수를 적어 보세요.

   색연필 세트를 사려면 1000원 짜리 지폐 [   ]장,

   100원 짜리 동전 [   ]개, 10원 짜리 동전 [   ]개가 필요해요.

3. 창식이 주머니에는 7200원이 들어 있어요. 바구니 속 물건값을 모두 더해 보니 가져온 돈으로 모두 살 수 없어요. 어떤 물건을 빼야 주머니 속 돈과 가장 비슷하게 될까요?

♥ 우리 반 구슬 대장

한 달 동안 창식이네 반 아이들은 구슬치기를 해서 구슬을 열심히 모았어요. 어떤 친구는 벌써 구슬을 다 잃어버린 친구도 있고요. 어떤 친구는 구슬이 처음보다 두 배나 많이 늘어난 친구도 있어요. 오늘은 구슬 대장을 뽑는 날이에요. 혼자 나갈 수도 있지만, 둘이 팀을 만들어 나갈 수도 있어요. 누가 구슬 대장일까요?

동준 3200개   샛별 1890개   창식 1320개   공지 2146개

4. 샛별이와 창식이는 한 팀을 이루기로 했어요. 창식이네 팀 구슬은 모두 몇 개일까요?

5. 동준이는 창식이네 팀보다 구슬이 많을까요? 적을까요? 그리고 누가 얼마나 많을까요?

6. 동준, 샛별, 창식, 공지 네 사람의 구슬을 합치면 모두 몇 개일까요?

7. 구슬이 가장 많은 사람과 가장 적은 사람이 갖고 있는 구슬은 몇 개의 차이가 날까요?

♥ 우리나라 아름다운 산

　창식이는 어른이 되면 에베레스트 산에 꼭 올라가고 싶어요. TV에서 엄홍길 대장님이 에베레스트 정상에 올라 태극기를 꽂는 장면을 보고 정말 가슴이 뿌듯했거든요. 우리나라에 있는 대표적인 산을 몇 개 올라야 에베레스트 산의 높이만큼 오를 수 있을까요?

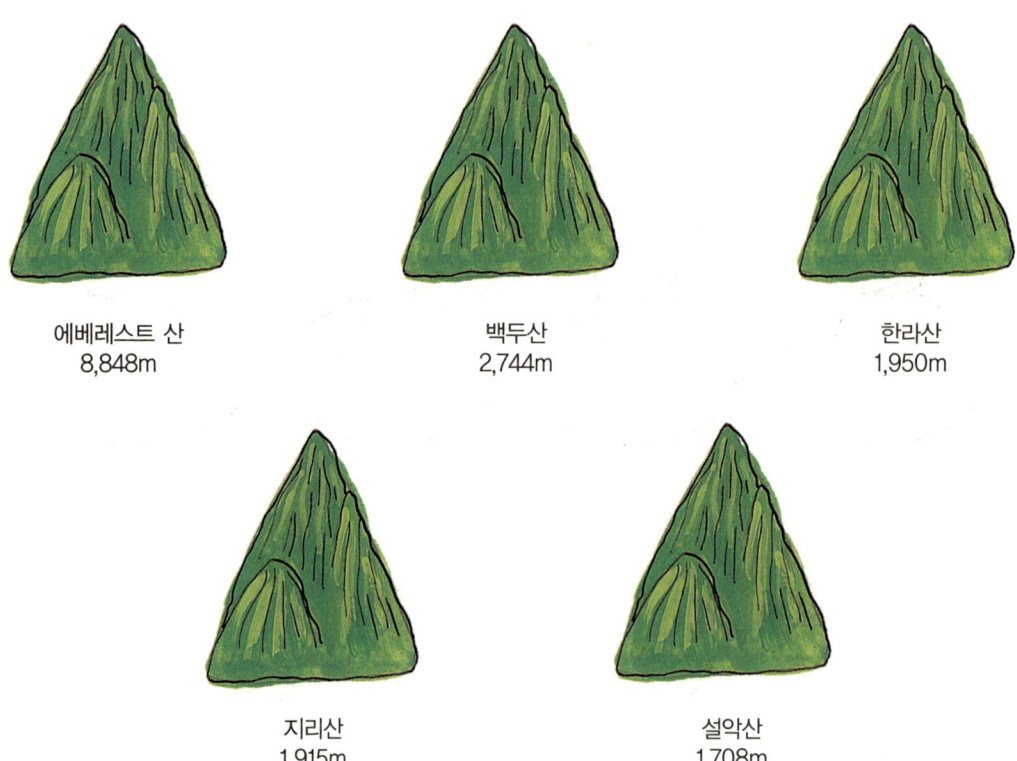

에베레스트 산
8,848m

백두산
2,744m

한라산
1,950m

지리산
1,915m

설악산
1,708m

8. 백두산과 설악산 높이를 합하면 (   )m입니다.

9. 지리산과 한라산 높이를 합하면 (   )m입니다.

10. 백두산, 설악산, 지리산, 한라산 높이를 모두 합하면 (   )m입니다.

11. 에베레스트 산 높이까지 도달하려면 백두산, 설악산, 지리산, 한라산 높이를 모두 합한 높이에서 (   )m를 더 올라가야 합니다.

정답

1. 삼천오백 원, 천백 원, 이천오백삼십 원, 삼백 원 2. 2, 5, 3
3. 지우개 4. 3210개 5. 창식이네 팀이 동준이보다 10개 많아요.
6. 8556개 7. 동준이가 가장 많고, 창식이가 가장 적어요. 동준이가 창식이보다 1880개 많아요. 8. 4452 9. 3865 10. 8317 11. 531

화요일

어려운 곱셈도 척척!

공부할 내용

- 구구단 놀이를 다시 한 번 해봐요.
- 두 자리 수와 한 자리 수의 곱셈을 할 수 있어요.
- 세 자리 수와 한 자리 수의 곱셈을 할 수 있어요.
- 세로 식으로 곱셈을 해요.

교과서 찾아보기

3학년 1학기

6단원 곱셈
1. (몇십) × (몇)의 계산
2. (두 자리 수) × (한 자리 수)의 계산 (1)
3. (두 자리 수) × (한 자리 수)의 계산 (2)
4. (두 자리 수) × (한 자리 수)의 계산 (3)
5. 곱셈의 활용

3학년 2학기

2단원 곱셈
1. (세 자리 수) × (한 자리 수) (1)
2. (세 자리 수) × (한 자리 수) (2)
3. (몇십) × (몇십)
4. (두 자리 수) × (몇십)
5. (두 자리 수) × (두 자리 수)
6. 곱셈의 활용

창식이와 함께 하는 예습 시간

파란 박을 터트려!

두 자리 수의 곱셈을 할 때는 십의 자리와 일의 자리를 분리해서 곱한 후 더해 주면 쉬워요.

오락실의 숨겨진 비밀

"얘들아! 빨리 와 봐!"

앞장서서 걷던 동준이가 아이들을 재촉했다. 동준이의 뒤로 이상한 불빛이 번쩍이고 있었다.

"이, 이게 뭐야. 여기 미로 공원 맞아?"

동굴 속에 들어선 아이들은 입이 딱 벌어졌다.

또 다른 동굴 속에는 별의별 게임기가 다 있었다. 매일 공부하느라 게임 공원에서 맘껏 노는 게 소원이었던 아이들은 정말 물 만난 물고기 같았다.

"창식아, 이리 와 봐. 이거 총 쏘기 게임이다. 너랑 나랑 한편 먹고 하자."

"야, 잘 보고 쏴."

샛별이도 오랜만에 만져 보는 게임기에 정신을 쏙 빼앗겼다. 테트리스에 리듬 게임까지 손바닥이 아플 정도로 신 나게 두드렸다. 이것저것 게임을

하던 샛별이는 사탕이 가득 들어 있는 게임기를 발견했다.

게임기에서 노래가 흘러 나왔다.

구구단을 외자! 구구단을 외자! 사 삼?

"십이."

샛별이는 자기도 모르게 큰 소리로 말했다. 숫자를 말하자마자 게임기에서 샛별이가 말한 숫자만큼 사탕이 나왔다.

"얘들아, 이리 와 봐. 사탕 나오는 게임기야."

신이 난 아이들은 구단까지 구구단 노래를 열심히 불렀다.

정신없이 게임을 하던 샛별이는 문득 미로 공원 속에 있다는 사실이 생각났다.

'이렇게 놀 때가 아니지. 그런데 여기는 또 어디로 연결된 걸까?'

✱ 다시 불러보는 구구단 노래

2학년 때 배웠던 구구단. 다시 한 번 복습해 볼까요?
잘 안 외워지면 노래로 불러도 좋아요. 이렇게 말이죠.
이일은 이~ 이이는 사~ 이삼은 육~

2단	3단	4단	5단
2×1=2	3×1=3	4×1=4	5×1=5
2×2=4	3×2=6	4×2=8	5×2=10
2×3=6	3×3=9	4×3=12	5×3=15
2×4=8	3×4=12	4×4=16	5×4=20
2×5=10	3×5=15	4×5=20	5×5=25
2×6=12	3×6=18	4×6=24	5×6=30
2×7=14	3×7=21	4×7=28	5×7=35
2×8=16	3×8=18	4×8=32	5×8=40
2×9=18	3×9=27	4×9=36	5×9=45

주위를 둘러보던 샛별이는 깜짝 놀랐다. 아까는 분명히 문이 열려 있어서 들어왔는데, 지금은 문이 사라져 버린 것이다.

"애들아, 이상해. 아무래도 우리 또 갇힌 것 같아."

샛별이가 떨리는 목소리로 말했다.

6단	7단	8단	9단
6×1=6	7×1=7	8×1=8	9×1=9
6×2=12	7×2=14	8×2=16	9×2=18
6×3=18	7×3=21	8×3=24	9×3=27
6×4=24	7×4=28	8×4=32	9×4=36
6×5=30	7×5=35	8×5=40	9×5=40
6×6=36	7×6=42	8×6=48	9×6=54
6×7=42	7×7=49	8×7=56	9×7=63
6×8=48	7×8=56	8×8=64	9×8=72
6×9=54	7×9=63	8×9=72	9×9=81

또 다시 동굴에 갇혀 버린 아이들은 기운이 빠졌다. 하지만 지난번 동굴에서 암호를 풀면 문이 열린다는 걸 알았으니 다행이라고 생각했다.
"암호나 빨리 찾자."
창식이가 심드렁하게 말했다.
그때 갑자기 쩌렁쩌렁한 목소리가 동굴 안을 흔들었다.

"하하하하, 졸병이 더 늘어나게 생겼군. 어디, 싸움 좀 잘하나 볼까?"

아이들은 깜짝 놀랐다.

"자 겁먹지 말라고. 나를 이기면 안전하게 여기서 내보내 줄 테니까. 대신 만약 나를 이기지 못하면 너희들은 모두 내 졸병이 되어야 해. 알았지?!"

신이 난 목소리는 아이들을 재촉했다.

"저기 뒤에 사탕 나오는 기계 보이지? 그 안에서 필요한 것을 구할 수 있어. 너희의 보물 창고라고 할 수 있지. 이제 너희들은 그 안에서 필요한 물품을 구해 나랑 게임을 하는 거다. 시간이 많지 않아. 저기 가운데 게임장 보이지?"

아이들은 정신을 차리고 목소리가 말하는 곳을 바라보았다. 아이들은 그 동굴 안에 그런 게임기가 있는 줄도 몰랐다.

"게임장 양쪽에 섬이 두 개 보이지? 초록 섬은 내 섬이고, 노랑 섬은 너희들 섬이다. 누구든 상대편 섬에 있는 커다란 바구니에 사탕을 가득 채우면 이기는 거다. 대신 상대방이 던진 사탕에 졸병이 맞으면 사라진다는 걸 명심해. 나는 혼자지만 너희는 셋이니까 너희가 훨씬 유리한 거야. 안 그래?"

아이들은 일단 사탕 게임기 앞으로 다가갔다. 조금 전까지 사탕이 가득했던 게임기 속에는 작고 귀여운 장난감들이 가득 채워져 있었다. 목소리가 말한 대로 보물 창고인 셈이다.

"자! 서두르라고! 난 곱셈 박사거든. 빨리 빨리 준비를 못하면 나한테 금방 질걸. 하하하하. 물론 나야 졸병이 많아지니까 좋지만 말이야."

아이들은 게임기 앞에 쓰여 있는 설명서를 자세히 들여다보았다. 물건을 가져가려면 필요한 곱셈 식을 만들어서 식과 정답을 입력하라고 적혀 있었다.

아이들이 얼떨떨해 있는 사이 목소리는 척척 게임 준비를 하고 있었다. 목소리는 정말 곱셈 귀신이었다. 어려운 곱셈도 척척, 눈 깜짝할 사이에 척척. 모습은 보이지 않았지만, 목소리가 열심히 준비를 하고 있다는 것을 알 수 있었다.

게임기의 버튼이 쉴 새 없이 반짝였고, 누른 숫자만큼 장난감 병정이며, 사탕, 사탕을 실어 나를 수 있는 여러 가지 도구들이 게임장 안에 나타났다.

"구경만 하고 있을 거야?"

샛별이의 앙칼진 목소리에 창식이와 동준이는 퍼뜩 정신을 차렸다.

"그래, 빨리 서두르자."

"배는 내가 할 수 있어. 1 × 5 = 5"

동준이가 얼른 게임기의 버튼을 눌렀다. 신기하게도 아주 작은 배 다섯 척이 사탕이 나오던 게임기 입구로 쏟아져 나왔다.

"장난감 병정은 내가 할게." 샛별이가 말했다.

"배 한 척에 20명씩. 다섯 척이니까 20명씩 다섯 묶음을 하면 되네.

5 × 20 = 100

와, 맞았다."

장난감 병정 100개가 우르르 쏟아졌다.

샛별이가 얼른 또 다시 100 × 1을 누르며 말했다.

"병정마다 사탕 한 개씩이니까 병정의 숫자하고 사탕 숫자가 똑같아. 100 × 1 = 100"

사탕 100개가 쏟아져 나왔다.

두 자리 수 곱셈이 익숙하지 않은 아이들은 목소리의 게임 속도를 따라갈 수 없었다. 아이들은 간신히 게임 준비를 끝냈는데, 목소리는 벌써 노랑 섬을 향해 배를 띄우고 있었다.

"애들아, 서둘러. 저쪽 배가 우리 섬 쪽으로 가고 있어!"

아이들은 게임기에서 나온 장난감 병정을 게임장에 집어넣었다. 게임장 속에 들어간 장난감 병정들이 갑자기 살아 움직이기 시작했다. 장난감 병정들은 배 갑판에서 노를 젓기도 하고, 소리를 지르기도 했다.

"와, 신기하다. 진짜 사람 같아."

"혹시 우리가 졸병이 된다는 게 장난감 병정으로 변한다는 소리 아닐까?"

"왜 그래. 괜히 겁주지 마."

말은 그렇게 했지만 창식이는 덜컥 겁이 났다. 이러다가 영영 엄마, 아빠 얼굴도 못 보고 목소리의 졸병으로 살아야 할 것만 같았다.

*몇십 × 몇, 두 자리 수 × 한 자리 수를 계산할 수 있어요!

★ 몇십 × 몇

배 한 척에 스무 명의 병사가 탈 수 있어요. 그럼 배 다섯 척에 태울 수 있는 병사는 몇 명인지 세어 볼까요? 우리가 구구단에서 외웠던 곱셈 식처럼 묶음 단위로 생각하면 쉬워요. 두 개씩 다섯 묶음이면 '열'이었던 것처럼, 스무 명씩 다섯 묶음이면 백 명의 병사가 필요해요.

몇십 곱하기 몇은 구구단을 그대로 활용할 수 있어요. 몇십은 몇과 곱하기 십으로 나타낼 수 있거든요. 이제 십과 몇으로 나눈 숫자 중에서 몇을 곱해 주세요. 숫자 몇과 몇을 곱하는 것은 구구단을 외우면 돼요. 그리고 아까 나눠 놓았던 10을 곱해 주면 끝!

$$20 \times 5 = (2 \times 10) \times 5$$
$$= 2 \times 5 \times 10$$
$$= 10 \times 10$$
$$= 100$$

몇십 곱하기 몇십도 쉽게 구할 수 있어요. 각각 10과 몇으로 나누고, 일의 자리 숫자끼리 곱셈 식을 이용해서 곱해 줘요. 그런 다음 100을 곱해 주면 돼요. 왜냐하면 아까 남겨 둔 10 곱하기 10을 해 주면 백이 되거든요.

$$60 \times 20 = (6 \times 10) \times (2 \times 10)$$
$$= (6 \times 2) \times (10 \times 10)$$
$$= 12 \times 100$$
$$= 1200$$

★ 두 자리 수 × 한 자리 수

두 자리 수 곱셈도 어렵지 않아요. 우선 두 자리 수를 몇십과 몇으로 나눠 준 후, 거기에 한 자리 수를 곱하는 거예요. 그림으로 보면 금방 알 수 있어요.

15명의 병사에게 사탕 7개씩을 나눠 줄까요? 모두 몇 개의 사탕을 게임기에서 받아 와야 할까요?

15명에게 7개씩 사탕을 주려면 15 × 7개의 사탕이 필요해요. 우선 15를 10과 5로 나눠 줘요. 그리고 10명에게 줄 7개를 먼저 계산하고, 나머지 5명에게 줄 7개를 다시 계산하는 거예요.

10명에게 줄 사탕 수와 5명에게 줄 사탕 수를 더하면 우리가 알아야 하는 답을 구할 수 있어요.

$$15 \times 7 = (10 + 5) \times 7$$
$$= 10 \times 7 + 5 \times 7$$
$$= 70 + 35$$
$$= 105$$

목소리의 배들이 노랑 섬으로 점점 다가갔다. 아이들은 섬 주위를 배로 에워쌌다. 더 이상 목소리의 배가 그 안으로 들어갈 수 없도록.

목소리의 졸병들은 이런 게임을 많이 해 본 모양이다. 목소리네 졸병들은 두 팀으로 나누어 한 팀은 배로 노랑 섬에 사탕을 나르고, 다른 팀은 노랑 섬 병정들을 사탕으로 맞추었다. 사탕에 맞은 노랑 섬 병정들이 하나 둘 사라지고 있었다. 병정들이 들고 있던 사탕이며 바구니까지 모두 사라졌다. 많다고 생각했던 노랑 섬 병정과 사탕 바구니는 금세 동이 나고 말았다.

목소리의 곱셈 계산이 워낙 빨라서 아이들은 따라잡을 수가 없었다.

"사탕이 부족해. 샛별아, 병정들한테 사탕 77개씩 가져다 줘."

"그래, 알았어. 조금이라도 잘 싸우라고 행운의 77이구나."

그 와중에도 장난기 어린 주문을 하는 동준이를 보며 샛별이는 피식 웃었다.

"서둘러, 사탕에 맞은 우리 병사들이 사라지고 있어!"

샛별이가 필요한 사탕을 가져오기도 전에 노랑 섬 병정들은 모두 사라져 버리고 말았다. 그때, 목소리가 의미심장하게 말했다.

"사탕을 나를 병정이 없으면 너희라도 대신 해야지."

소리가 끝나기 무섭게 옆에 서 있던 동준이가 사라져 버렸다. 창식이는 깜짝 놀랐다.

"샛별아, 동준이가 없어졌어."

그때, 바다에 떠 있는 배의 갑판에서 병정 하나가 열심히 손을 흔들면서 소리를 지르고 있었다. 목소리는 들리지 않았지만 옷을 보니 동준이가 틀림없었다.

"목소리가 말한 게 사실인가 봐. 어떡해."

샛별이를 보며 말하던 창식이의 목소리가 점점 작아졌다.

창식이는 눈앞에 나타난 바다에 깜짝 놀라고 말았다.

"너도 작아졌구나. 어떻게 하나. 이제." 동준이가 말했다.

창식이마저 병정으로 변해 버리자 샛별이는 마음이 다급해졌다.

'도저히 안 되겠어. 목소리의 곱셈 속도를 따라갈 수가 없어. 특단의 조치가 필요해.'

샛별이는 생각하고 또 생각했다. 하지만 뾰족한 방법이 떠오르지 않았다. 골똘히 생각하던 샛별이의 눈에 반짝이는 뭔가가 보였다. 창식이의 미니 로봇 '슈슈'였다. 창식이가 병정으로 변해 게임장 속으로 빨려 들어갈 때 주머니에서 빠진 모양이다.

샛별이는 실낱같은 희망을 가지고 슈슈의 얼굴을 보면서 선생님을 불러 보았다.

"선생님! 선생님!"

"샛별아, 너희 도대체 어디에 있는 거니?"

슈슈의 얼굴 중앙 화면에 선생님이 나타났다.

"선생님, 큰일 났어요! 동준이하고 창식이가…… 시간이 없어요. 곱셈식을 빠르게 할 수 있는 방법 좀 알려 주세요. 빨리, 빨리요!"

✻ 세로로 곱셈 식을 풀어요!

　곱셈을 하는 방법은 여러 가지가 있어요. 묶음으로 나누어 더해 주거나 일 단위, 십 단위로 나누어 구할 수 있어요. 하지만 세 자리 수나 두 자리 수를 곱할 때는 시간이 오래 걸려요.
　이럴 때는 곱셈 식을 만들어 세로로 곱하기를 해 보세요. 몇 자리 숫자든 빨리, 정해진 규칙대로 곱셈을 할 수 있어요.

　첫째. 세로 셈을 할 때는 줄을 맞춰서 계산해요.

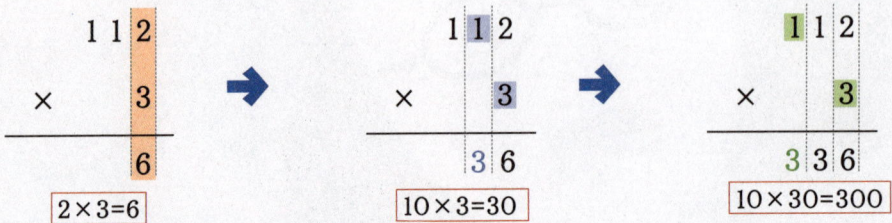

일의 자리를 곱해서 일의 자리 밑에
십의 자리를 곱해서 십의 자리 밑에
백의 자리를 곱해서 백의 자리 밑에

　둘째. 올림이 있을 때는 윗 자리에 작게 적어 놓아요.

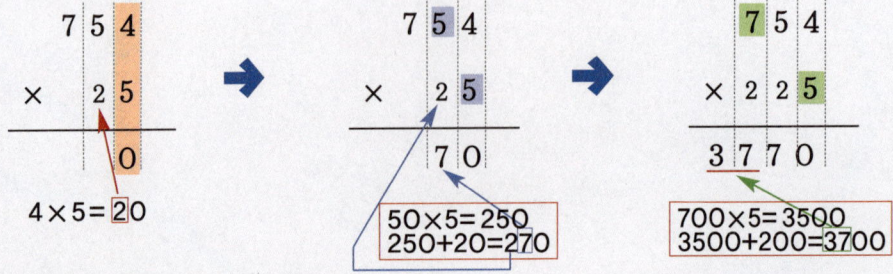

올림이 있는 곱셈 식을 할 때는 덧셈 때처럼 윗자리로 올려 주세요. 첫 번째 규칙대로 각 자리에 곱한 식을 써 주는 것은 똑같아요. 대신, 올림이 있을 때는 윗자리에 작게 써 둔 다음 윗자리 곱셈 값에 더해 주기만 하면 돼요.

셋째. 두 자리 수 × 두 자리 수 셈을 할 때는 첫째 줄, 둘째 줄로

두 자리 수에 몇십 몇을 곱해 줄 때는 두 번에 나누어서 곱해요. 두 자리 수에 한 자리 수를 먼저 곱하고, 다시 두 자리 수에 몇십을 곱해 주세요. 두 번 곱셈한 값을 더해 주면 끝. 세로 식으로 표시할 때는 일의 자리 수와 곱한 값을 첫째 줄에, 십 자리 수와 곱한 값은 둘째 줄에 적은 후 더하면 돼요.

```
      3 7
  ×   1 2
  ─────────
      7 4
  + 3 7
  ─────────
    4 4 4
```

곱할 숫자가 커지면 아래로 줄을 늘리면 돼요.
백의 자리 수를 곱한다면,
첫째 줄에 일의 자리를 곱하고
둘째 줄에 십의 자리를 곱하고
셋째 줄에 백의 자리를 곱해서
세로로 덧셈을 해 주면 곱셈은 끝!

샛별이는 선생님이 알려 주신 세로 식으로 곱셈을 해 보았다. 아까보다 훨씬 빨리 곱셈을 할 수 있었다.

'곱셈 식만 잘해서는 목소리를 이길 수 없어!'

샛별이는 이러다가 친구들을 영영 구하지 못할까 봐 덜컥 겁이 났다.

게임장 안쪽에서 창식이와 동준이가 손을 흔들었다. 무언가 얘기를 하고 있지만 목소리가 너무 작아 아무 소리도 들리지 않았다. 가만히 보니 창식이와 동준이가 배의 갑판 위에 열심히 뭔가를 쓰고 있었다. 글자는 분명한데 무슨 뜻인지 샛별이는 도통 알 수가 없었다.

창식이와 동준이는 답답해서 팔짝팔짝 뛰었다. 다시 헝겊에 물을 묻혀 갑판에 '풍' 이라고 크게 썼다.

'풍? 바람풍? 풍선?'

샛별이는 무슨 뜻인지 정확히 알 수 없었지만 일단 이름에 '풍' 이 들어가는 물건을 뽑아서 넣어 보기로 했다. 풍선, 풍차, 선풍기? 의외로 풍자가 들어가는 물건이 많지 않았다.

풍선을 게임기에 넣어 주자 아이들은 열심히 풍선을 불었다. 그러고는 풍선 아래에 바구니를 매달았다.

'아하! 열기구를 만들어서 병정들을 초록 섬으로 날리려고 하는구나!'

샛별이는 아이들이 무엇을 하려는지 금세 알아차렸다.

샛별이가 열심히 병정을 가져다 날라 병정의 수는 37명으로 늘었지만, 아직도 목소리에 비하면 병정 수도 적고, 바구니 크기도 작아서 사탕을 많이 나르지 못할 것 같았다.

샛별이는 서둘러 게임기에서 병정 숫자만큼 풍선과 바구니를 뽑았다. 그리고 다시 병정마다 12개씩 돌아가도록 사탕을 뽑았다. 샛별이한테는 작은 사탕이었지만 게임장 속 병정들한테는 커다란 농구공만 해 보였다.

병정 37명이 일제히 사탕을 담은 풍선을 타고 하늘로 올라갔다. 깜짝 놀란 목소리편 병정들이 노랑 섬 병정들을 향해 사탕을 던졌지만 하늘로 올라간 병정들을 맞출 수는 없었다. 초록 섬의 바구니는 노랑 섬 병정들이 나른 사탕으로 금세 가득 찼다.

"와! 우리가 이겼다."

샛별이가 신 나게 손뼉을 쳤다. 그 순간, 창식이와 동준이가 눈앞에 나타났다. 아이들은 서로 얼싸안고 껑충껑충 뛰었다.

"어, 문이 생겼다." 동준이가 옆을 보며 말했다.

아이들은 뒤도 돌아보지 않고 서둘러 동굴을 빠져나왔다. 동굴을 벗어나며 창식이가 아이들에게 말했다.

"하하하. 나는 전리품이 하나 있지. 아까 갑판에 망원경이 떨어져 있길래 주워 왔지. 혹시 알아? 또 어디로 가게 될지."

창식이와 함께 하는 복습 시간

곱셈에 날개를 달아주자

♥ 몇십 × 몇

구구단에 나와 있는 곱셈 식은 모두 72가지야. 그렇다면 구구단에 나와 있지 않은 곱셈은 어떻게 계산할까? 벌써 걱정된다고? 괜찮아. 이제부터 곱셈 박사가 될 수 있는 비법을 공개할 테니까!

20 × 5는 20개짜리 묶음이 다섯 개 있다는 말이지?
20 + 20 + 20 + 20 + 20 = 100

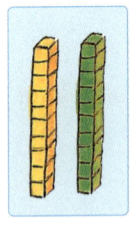 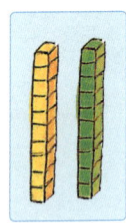 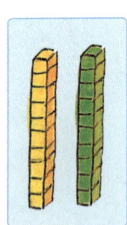 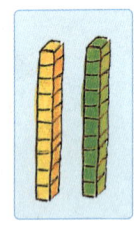 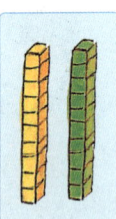

이제 곱셈으로 편하게 해 볼까?

$$20 \times 5 = (2 \times 10) \times 5 \quad\quad 20 \times 5 = 100$$
$$= 2 \times 5 \times 10$$
$$= 10 \times 10$$
$$= 100$$

💙 두 자리 수 × 한 자리 수

몇십 곱하기 몇은 구구단만 잘 활용하면 쉽게 할 수 있어. 몇십이 아닌 두 자리 수 곱하기는 조금 더 복잡해. 하지만 두 자리 수 곱셈도 어렵지 않으니까 걱정할 것 없어.

15명에게 7개의 사탕을 나눠 주려고 해. 모두 몇 개의 사탕이 필요할까?

7개의 사탕이 15묶음 필요하다는 것을 알 수 있지. 물론 묶음을 일일이 세어서 사탕 수를 구할 수도 있어. 하지만 그렇게 하려면 시간이 오래 걸리겠지.

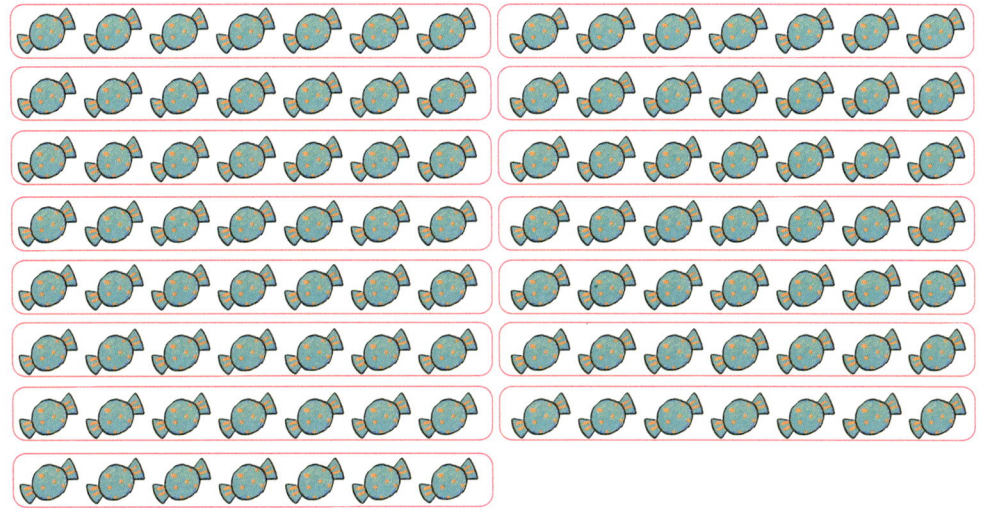

그림으로 하지 말고 곱셈 식으로 나타내 보자. 이제 벌써 3학년이니까 곱셈은 식으로 나타낼 줄 알아야 해. 두 자리 수에 한 자리 수를 곱할 때는 두 번 나눠서 계산하면 쉽게 할 수 있어. 십의 자리를 곱하고, 다시 일의 자리를 곱해서 두 수를 더해 주면 간단하거든.

$$10 \times 7 = 70$$
$$5 \times 7 = 35$$
$$70 \times 35 = 105$$

💛 세로로 곱셈식 풀기

이제 세로 곱셈을 한번 해 보자. 세로로 곱셈하는 방법만 완벽히 알면 조금 복잡한 곱셈도 쉽게 할 수 있거든. 세로로 곱셈을 하려면 우선 자리 맞추기를 잘해야 해. 일의 자리를 기준으로 맞춰 봐. 그 다음에 구구단을 활용해서 하나씩 곱셈을 하면 쉽게 계산할 수 있어.

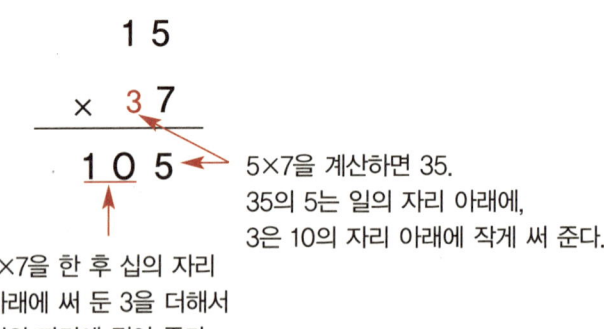

세 자리 수도 방법은 똑같아. 아무리 많은 숫자를 곱해도 제일 처음 할 일은 자리 맞추기야. 일의 자리와 곱한 값은 일의 자리 아래에, 십의 자리와 곱한 값은 십의 자리 아래에 써 주면 되는 거야.

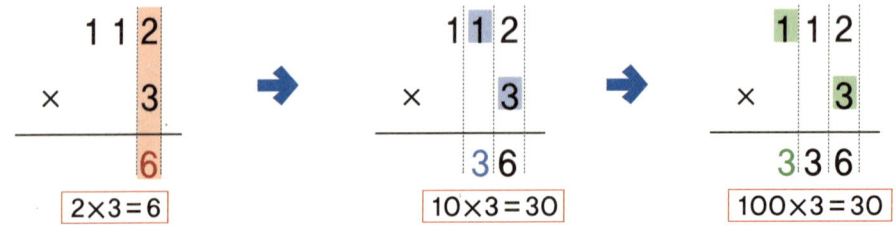

💗 두 자리 수 곱하기 두 자리 수

두 자리 수에 몇십 몇을 곱해 줄 때도 방법은 같아. 우선 일의 자리는 일의 자리끼리, 십의 자리는 십의 자리끼리. 이렇게 자리를 맞춘 후 두 번에 나누어서 곱셈을 해 주면 돼. 우리가 두 자리 수 곱하기 한 자리 수를 했던 것처럼 말이야. 일의 자리를 먼저 곱하고, 다시 십의 자리를 곱해서 더하면 끝이야.

대신 일의 자리를 곱한 수는 첫째 줄에, 십의 자리를 곱한 수는 둘째 줄에 써야 해. 숫자를 적을 때 일의 자리를 곱할 때는 일의 자리 아래부터, 십의 자리를 곱할 때는 십의 자리 아래부터 적어 주는 거지.

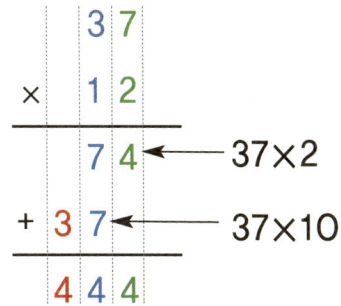

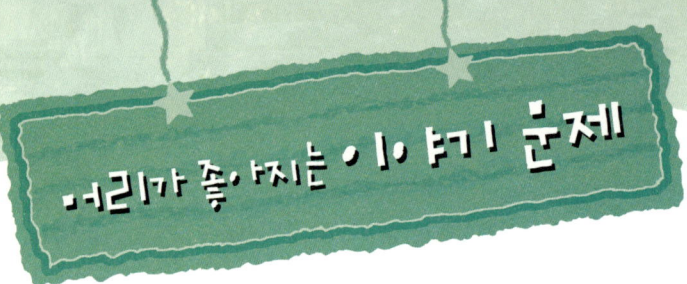

도전! 나도 백점

♥ 바퀴 수를 세어 봐!

일요일 오후, 창식이는 형과 공원에 갔어요. 오늘은 차 없는 날이라 공원에는 인라인스케이트와 자전거를 타는 아이들이 많았어요. 창식이와 형도 인라인스케이트가 타고 싶어서 대여소에 갔어요. 그곳에는 바퀴가 4개 달린 인라인스케이트 17켤레와 두발 자전거 35대가 있었어요.

1. 인라인스케이트에 달린 바퀴는 모두 몇 개일까요?

2. 두발 자전거에 달린 바퀴는 모두 몇 개일까요?

3. 인라인스케이트와 두발 자전거에 달린 바퀴를 합하면 모두 몇 개일까요?

♥ 운동장 돌기

3학년 1반과 3학년 2반이 함께 체육을 해요. 오늘 체육은 이어 달리기예요. 10분 동안 3학년 1반은 운동장 두 바퀴를, 3학년 2반은 운동장 한 바퀴 반을 돌았어요.

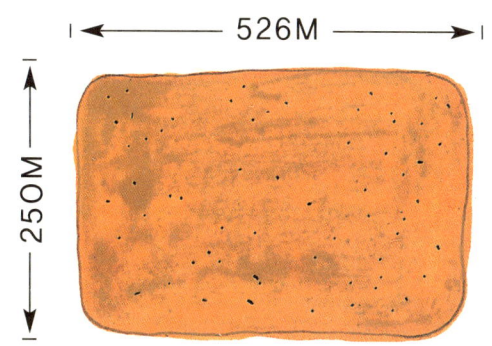

4. 운동장 한 바퀴는 몇 m일까요?

5. 3학년 1반은 몇 m를 뛰었을까요?

6. 3학년 2반은 몇 m를 뛰었을까요?

7. 3학년 1반이 3학년 2반보다 몇 m 더 뛰었을까요?

♥ 신기한 기계

흥부네 박에서 신기한 기계가 나왔어요. 무엇이든 하나를 넣으면 23개가 나오는 기계예요. 사과 한 개를 넣으면 사과 23개가 나오고, 딸기 두 개를 넣으면 딸기 46개가 나오는 거예요. 다음 숫자를 넣으면 어떤 숫자로 변해서 나올까요?

8. 17 →

9. 25 →

10. 36 →

11. 83 →

정답

1. 136 2. 70 3. 206 4. 1552m 5. 3104m 6. 2328m 7. 776m
8. 391 9. 575 10. 828 11. 1909

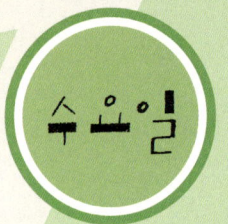

도형 제대로 알기

공부할 내용

- 직각을 알아요.
- 직각삼각형, 직사각형, 정사각형을 알아요.
- 원의 지름과 반지름, 중심을 알아요.
- 원의 성질을 이용해서 문제를 풀 수 있어요.

교과서 찾아보기

3학년 1학기

3단원 평면도형
1. 각
2. 직각
3. 직각삼각형
4. 직사각형
5. (두 자리 수) × (몇십)
6. 정사각형

5단원 평면도형의 이해
1. 평면도형 밀기
2. 평면도형 뒤집기
3. 평면도형 돌리기
4. 평면도형 뒤집고 돌리기

3학년 2학기

3단원 원
1. 원의 중심과 반지름
2. 원 그리기
3. 원의 지름
4. 원의 반지름과 지름의 성질
5. 원으로 여러 가지 모양 그리기
6. 원의 성질 활용하기

창식이와 함께 하는 예습 시간

거울놀이

거울 속에서 글자는 왼쪽 오른쪽이 뒤집혀요.
똑바로 보려면 세로로 180도 돌려주면 돼요.

거울의 방

"얘들아, 너희가 정말 없어져 버리는 줄 알고 얼마나 놀랐는지 몰라."

아직도 쿵쾅거리는 가슴을 쓸어내리며 샛별이가 말했다. 이제 아이들은 어떤 동굴이 나타날지 동굴 앞에만 서면 가슴이 조마조마했다.

"겁먹지 마! 일단 제일 끝까지 가 보자. 한 방향 끝까지 가면 미로 끝이라도 나오겠지 뭐."

동준이가 제법 의젓하게 말했다.

북쪽 길을 따라 가던 아이들은 다음 동굴 앞에 도착했다. 창식이는 숨을 한번 크게 들이쉬고는 동굴 안으로 앞장서서 들어갔다.

"와!"

아이들의 입에서 저절로 탄성이 흘러나왔다.

"하하하, 이 거울로 보니까 샛별이 되게 뚱뚱해 보인다."

"흥, 그러는 너는. 난쟁이처럼 보이는구만."

거울에 비친 이상한 모습에 아이들은 까르르 웃음을 터트렸다.

동굴은 여러 개의 거울이 다이아몬드 모양처럼 연결되어 있었다. 그 동굴은 뚱뚱이 샛별이, 난쟁이 동준이, 홀쭉이 창식이로 가득 채워졌다.

"모두 거울로 되어 있으니까 어디가 어딘지 도통 모르겠네. 어지러운 거 같기도 하고."

창식이가 주저앉으며 말했다.

"정신 차려. 암호를 빨리 찾아야 돼. 이 동굴은 어떻게 해야 나갈 수 있는 걸까?"

"어, 근데 바닥에 이상한 그림들이 잔뜩 있다."

"그건 그림이 아니라 도형이라고 하는 거야."

샛별이가 아는 체를 했다. 바닥은 온통 도형 세상이다. 삼각형, 사각형, 오각형, 팔각형, 동그라미…… 도형들은 마치 수족관에 있는 형광 열대어

처럼 반짝였다.

샛별이가 팔각형을 발로 가만히 건드려 보았다. 보라색 빛을 띠던 팔각형 도형이 푸른색으로 변했다. 하지만 동굴은 아무것도 변하지 않았다.

"어, 이게 아닌가 보네. 그럼, 두 개를 동시에 밟는 건가?"

샛별이는 직각 삼각형과 오각형을 동시에 건드려 보았다. 그러자 한쪽 유리에 이상한 그림이 나타났다 사라졌다.

"두 개를 동시에 누르는 게 맞나 봐."

다시 오각형과 팔각형을 밟아 보았지만 색깔만 변할 뿐 거울 위에 아무것도 나타나지 않았다.

"가만. 아까 우리가 밟은 게 직각삼각형하고 오각형이었지? 근데 오각형을 다시 밟으니까 변화가 없었어. 그럼, 직각삼각형이 답인가 보네."

아이들은 다시 직각삼각형을 세게 밟아 보았다. 이번에도 거울에 뭔가가 나타났지만 금방 사라지고 말았다.

"직각삼각형은 이거 하나밖에 없어. 그럼 다른 뭔가를 더 밟아야 하나 본데."

거울방의 바닥에는 여러 가지 도형이 있었지만 삼각형은 하나밖에 없었다.

"직각삼각형이 힌트라면 삼각형과 직각인데, 삼각형은 이것밖에 없으니까 직각이 있는 도형을 밟아 보자."

아이들은 직각이 있는 도형을 모두 찾아서 동시에 밟아 보기로 했다.

샛별이는 직각삼각형, 동준이는 직사각형, 그리고 창식이는 정사각형을 택했다.

"야, 정사각형은 직사각형이 아니잖아."

"너는 정사각형이 직사각형 안에 포함된다는 것도 모르니?"

샛별이의 핀잔에 동준이는 샐쭉해졌다.

아이들은 하나, 둘, 셋 동시에 각자의 도형을 힘껏 밟았다.

그러자 거울에 두 개의 그림이 천천히 나타나기 시작했다.

"와, 찾았다."

아이들은 껑충껑충 뛰었다.

✳ 직각삼각형, 직사각형을 알아요!

한 점에서 그은 두 직선으로 이루어진 도형을 각이라고 해요. 그리고 그 직선이 서로 수직을 이룰 때 만들어지는 각을 직각이라고 해요. 일자로 똑바로 만들어진 반듯한 네모 상자의 모서리처럼 생긴 각을 직각이라고 하는 거죠. 책상 모서리나 책 모서리, 종이 상자 모서리 모두 직각 모양을 하고 있어요. 우리 주변에서 쉽게 직각을 찾을 수 있겠죠.

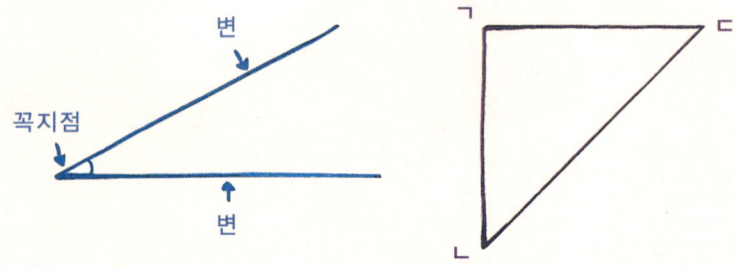

★ 여러 가지 모양의 직각삼각형

삼각형의 한 각이 직각을 이루고 있는 삼각형을 모두 직각삼각형이라고 해요. 같은 직각삼각형이라도 모양이나 크기는 천차만별이에요.

★사각형

　사각형은 각이 네 개가 있는 도형을 말해요. 그중에서도 네 각이 모두 직각인 사각형을 직사각형이라고 하죠.

　직사각형의 길이를 재어 보면 마주 보고 있는 변끼리 길이가 같아요.

　여기서 문제!

　정사각형은 직사각형일까요, 아닐까요?

　정사각형은 네 각이 모두 직각이고 마주보고 있는 4개의 변의 길이가 모두 같아요. 그러니까 직사각형에 포함되는 거예요.

　그럼, 직사각형은 정사각형이라고 할 수 있을까요? 직사각형은 두 변씩은 길이가 같지만 네 변의 길이가 모두 같지 않은 경우도 있어요. 옆으로 긴 직사각형은 세로 변의 길이보다 가로 변의 길이가 길어요. 그러므로 모든 직사각형을 정사각형이라고 할 수는 없겠죠.

"어, 이게 뭐야. 이쪽 건 사각형, 저쪽 건 사람 같은데."

"아니야, 로봇이잖아. 사람이 이렇게 생겼냐."

동준이와 창식이는 거울에 나타난 그림을 보면서 티격태격이다.

"조용히 좀 해 봐. 시끄러워서 생각을 할 수가 없잖아."

샛별이의 말에 동준이와 창식이는 동시에 합죽이가 되었다.

아이들은 그림을 보고 또 보았다. 하지만 도대체 이 두 개의 그림으로 무엇을 어떻게 하라는 건지 알 수 없었다.

사각형 속에는 바닥에 있는 도형처럼 예쁜 빛을 내뿜는 도형이 붙어 있었다. 하지만 사람 그림 속 도형에는 도형이 들어갈 자리만 표시되어 있을 뿐 아무것도 붙어 있지 않았다.

창식이는 상자 그림 한 번 쳐다보고, 사람 그림 한 번 쳐다보기를 반복했다.

"알 것 같아. 알 것 같아. 나, 정답을 찾은 것 같아."

"뭔데? 뭔데?"

"이쪽에 있는 도형을 저쪽 그림에 옮기라는 게 아닐까? 두 그림을 잘 봐. 양쪽 그림에 있는 도형 개수하고 모양이 똑같아. 분명히 내 말이 맞다니까."

아이들은 도형을 하나씩 옮기기 시작했다. 사람 그림의 아래쪽부터 하나씩 도형을 채우기 시작했다.

"와, 신기하다. 상자 속 도형이 사람 그림 도형의 위치에 딱 들어맞네."

"원래 도형은 옮기면서 오른쪽으로 돌리든, 왼쪽으로 돌리든 모양과 크기가 변하지 않는 거야."

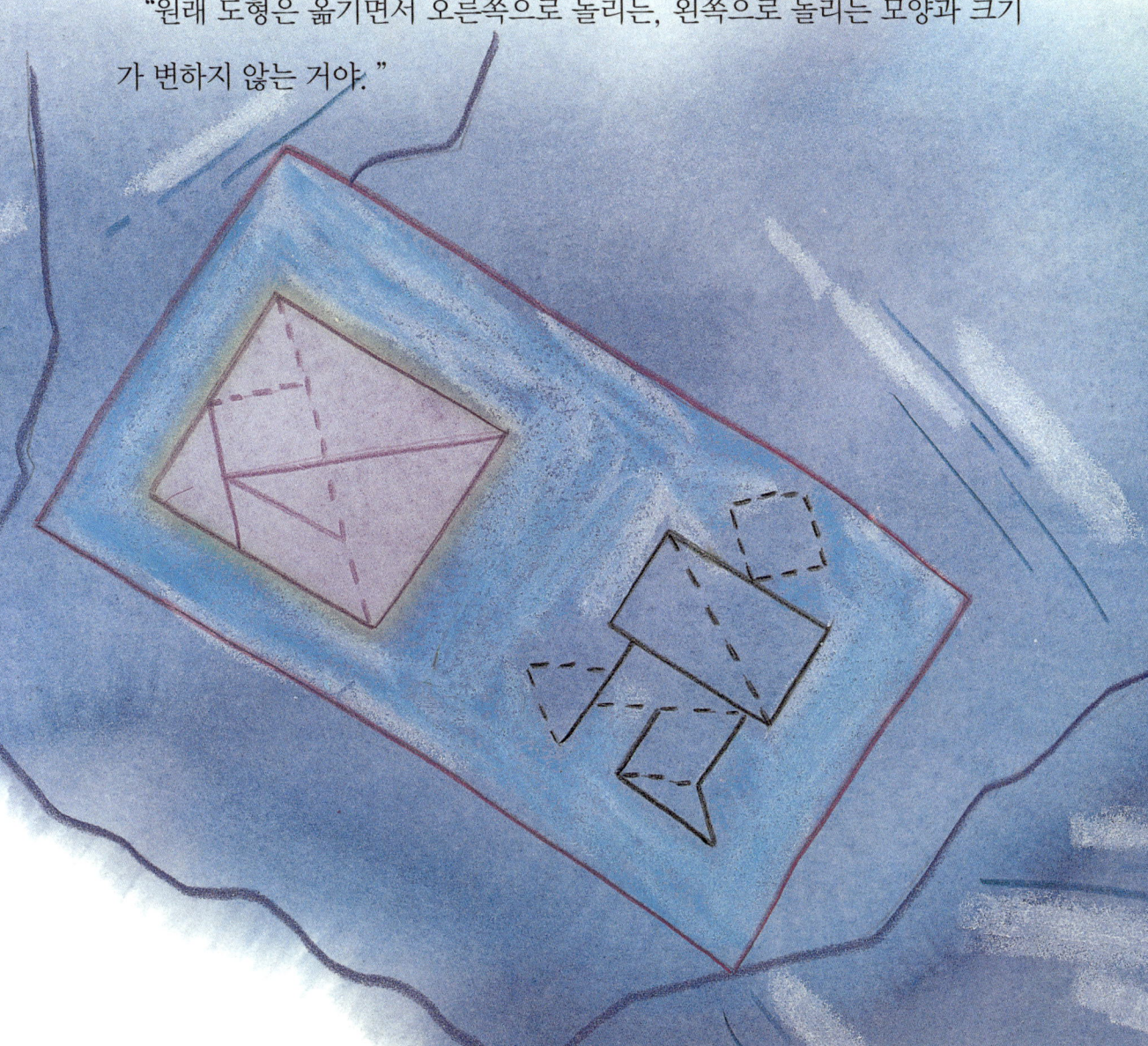

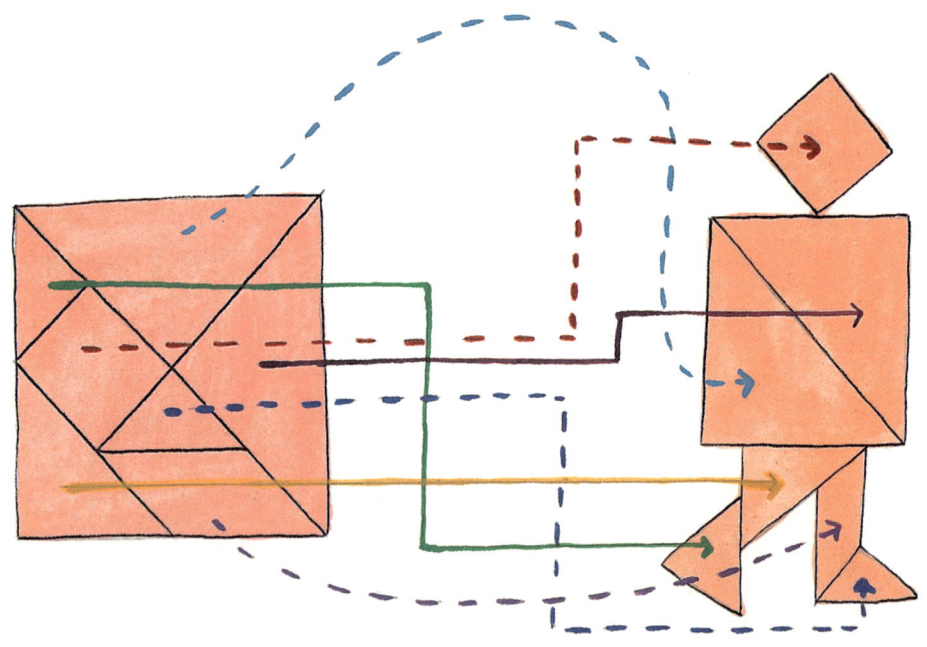

발과 다리, 머리까지 아이들은 빠르게 그림을 맞췄다.

"이제 몸통에 있는 삼각형 두 개만 맞추면 된다. 빨리 하자."

"오른쪽으로 두 번 돌리면 될 꺼 같은데."

그런데 몸통에 있는 두 직각삼각형은 아무리 움직여도 모양이 맞지 않았다.

"우리가 뭘 틀렸지?"

"정말 모르겠다."

"창식아, 직각삼각형 하나를 천천히 오른쪽으로 돌려 봐. 직각으로 획획 돌리지 말고."

샛별이가 움직이는 삼각형을 뚫어지게 쳐다보며 말했다. 창식이가 반쯤 돌렸을 무렵 샛별이가 다급하게 소리쳤다.

"스톱! 스톱! 멈춰."

그러자 신기하게도 도형이 사람의 몸통에 척 달라붙었다.

"아, 우리가 무조건 직각으로 돌린 게 문제였구나. 샛별이 제법인걸!"

창식이가 샛별이에게 눈을 찡긋해 보였다.

"뭘 이 정도 가지고."

샛별이는 갑자기 어깨가 으쓱해지는 걸 느꼈다.

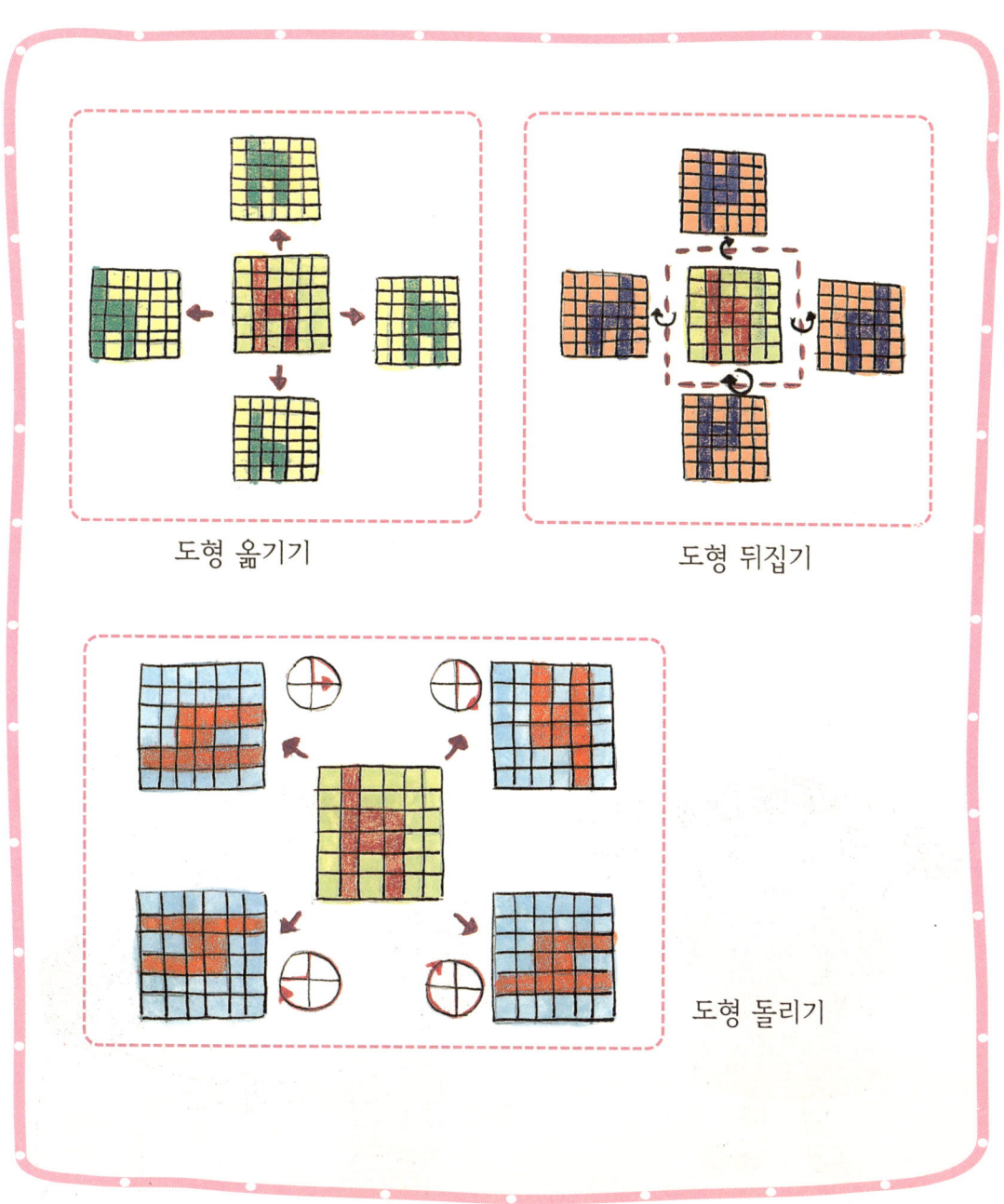

도형 옮기기

도형 뒤집기

도형 돌리기

아이들이 도형을 맞추자 그림이 있던 거울이 사라졌다.

"와, 나가는 문인가 보다."

"소용없어. 아까 우리가 지나온 쪽이야. 다른 문을 열어야 해."

동준이가 나침반을 보며 말했다.

아이들은 서둘러서 다시 직각 도형들을 눌러 보았다. 그러자 반대편 거울에 글씨가 나타났다.

네 가지 방법으로 원을 만드시오.

"뭘 하라는 소리지? 바닥에 동그라미를 그리라는 소린가?"

동준이의 말을 듣고 창식이가 말을 했다.

"네 가지 방법이라고? 동그라미를 그리는 건 한 가지 방법뿐이잖아."

머리를 긁적이던 샛별이가 갑자기 생각난 듯 큰 소리로 말했다.

"첫 번째 방법. 팔을 앞뒤로 크게 돌린다."

아이들은 번갈아 가며 한 가지씩 큰 소리로 외쳤다.

"두 번째 방법. 손을 잡고 원을 만든다. 둥글게, 둥글게."

"세 번째 방법. 긴 종이에 구멍 두 개를 뚫어서 한쪽은 고정시키고 다른 한쪽을 돌려서 원을 만든다."

"네 번째 방법. 음음……."

창식이는 주머니에서 얼른 슈슈를 꺼내 가방 끈을 풀어 묶었다.

"물건을 묶어서 돌린다."

"하하하. 암호치고 너무 시시한 거 아니야?"

동준이가 큰 소리로 떠들었다. 동준이 말이 끝나기 무섭게 옆 거울에 다른 그림이 나타났다.

"이쿠, 역시 너무 쉽다 했어. 이번에는 단계별로 문제가 나올 모양이다."

이번에도 거울에 그림이 나타났다. 이 그림은 아까와는 차원이 달랐다.

세 개의 원이 있습니다. 가장 큰 원의 지름은 30cm, 두 번째 원의 반지

름은 10cm입니다. 그럼 제일 작은 원의 반지름은 얼마일까요?

"우리가 이 문제를 풀 수 있을까?"

창식이는 걱정스러운 목소리로 말했다.

"간단하구만그래. 큰 원에서 두 번째 원을 빼면 나머지는 작은 원. 그러니까 30에서 10을 빼면 20이네. 맞지, 20cm?"

동준이는 '내 말이 맞지?'라는 표정으로 샛별이를 쳐다보았다.

동준이의 말에 샛별이는 분명 뭐라고 대답했지만 아무 소리가 들리지 않았다.

"창식아! 너 샛별이가 얘기하는 거 들리니?"

"뭐? 뭐라고?"

동준이 쪽으로 고개를 돌리는 순간 창식이는 너무 놀라서 뒷걸음질을 치고 말았다.

"동준아, 샛별이가!"

"왜? 샛별이 니 옆에 있잖아."

두 사람은 동시에 샛별이를 쳐다보았다. 샛별이는 분명 말을 하고 있었지

만 아무 소리도 들리지 않았다. 샛별이의 모습은 보이는데 목소리도 들리지 않고, 만져지지도 않았다.

"어떻게 된 거야? 지금 샛별이 어디 있는 거야?"

"샛별이 옷에 달린 주머니 좀 봐. 분명히 왼쪽에 달려 있었는데, 지금은 오른쪽에 달려 있어. 아무래도 거울 속에 갇힌 거 같아."

"내가 작은 원의 반지름을 틀리게 말해서 그런가 봐."

동준이가 울음을 터뜨리며 말했다.

창식이가 동준이를 달래 주었다.

"침착해. 아까 샛별이가 우리를 구해 준 것처럼 우리가 샛별이를 구해 주

면 돼. 하나씩 따져 보면 맞힐 수 있어."

창식이는 마치 동생 영희에게 얘기할 때처럼 동준이의 눈을 쳐다보면서 이야기했다. 동준이와 창식이는 다시 그림 앞으로 다가갔다.

"이 그림에 힌트가 있어. 큰 원의 지름은 30cm. 두 번째 원의 반지름은 10cm. 그럼 두 번째 원의 지름은 20cm네."

"왜 20이야? 10이라고 그랬는데."

"지름은 원래 반지름의 두 배거든."

"아, 그럼 큰 원의 지름 30cm에서 두 번째 원의 지름 20cm을 빼면 꼬맹이 원의 지름 10cm가 남는 거네?"

"그렇지. 작은 원의 지름이 10cm니까 반지름은 5cm가 맞겠다. 같이 크게 말해 보자."

두 소년은 유리 동굴이 쩌렁쩌렁 울릴 만큼 큰 소리로 '5'를 외쳤다.

그때, 북쪽 문이 열리면서 거울 속에 갇혔던 샛별이의 목소리가 들리기 시작했다.

"그러게. 덤벙대지 좀 말지. 그래도 너희들 덕분에 살았다. 고마워. 일단 여기서 나가야겠다. 숨 막혀 죽는 줄 알았어."

✳ 원에 대해 알아요!

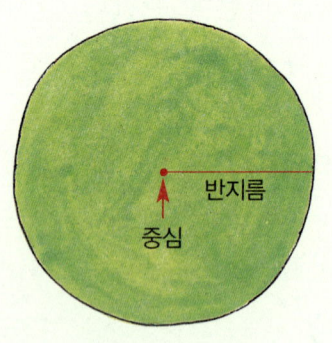

동그라미 모양의 도형 이름이 원이라는 건 모두 알고 있죠? 원은 다른 도형과 다르게 그리는 원칙이 있어요. 반드시 가운데에 움직이지 않는 중심을 잡아 줘야 해요. 그리고 중심에서 똑같은 거리에 있는 모든 점들을 하나의 선처럼 보이게 촘촘히 연결해 줘요. 이렇게 선을 완성하면 원이 만들어지는 거예요. 이때 가운데 중심은 원의 중심, 중심에서부터 떨어진 거리만큼을 반지름이라고 해요.

★ 반지름에는 이런 특징이 있어요.

원은 중심에서 같은 거리에 있는 무수한 점들을 이어서 그려 준다고 했죠. 원의 중심과 한 점만 이어서 줄을 그으면 그게 바로 반지름이 되는 거예요.

반지름은요,

하나. 무수히 많은 점이 있었으니까 반지름도 무수히 많겠죠.

둘. 같은 거리만큼 떨어진 점들이니까 당연히 길이도 모두 같구요.

셋. 서로 방향이 반대인 반지름 두 개를 합치면 지름이 돼요. 그러니까 반지름 두 개를 합친 길이는 지름과 같아요. 지름은 반지름의 두 배!

★원만 있으면 나도 멋진 화가

원을 이용해 여러 가지 그림을 완성할 수 있어요.

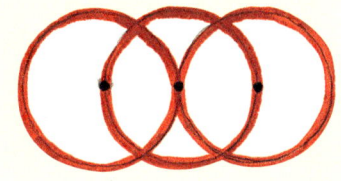

원의 중심을 옮겨 가면서 그릴 수 있어요.

반지름의 길이를 바꿔 가면서 그릴 수 있어요.

사각형을 그린 후 사각형의 한 변을 반지름 또는 지름으로 삼고 무늬를 그릴 수 있어요.

이런 그림을 반복해서 그리면 멋진 추상화가 되겠죠?

창식이와 함께 하는 복습 시간

도형에도 특색이 있다구!

♥ 평면 도형? 평면 도형!

동그라미, 세모, 네모는 들어 봤어도 평면 도형은 처음 들어 봤다고? 말은 어려워 보이지만, 우리 주변에서 여기저기 널려 있는 게 바로 평면 도형이야. 종이 위에 그려져 있는 세모, 네모, 동그라미 모두 평면 도형이야. 우유 곽이나 병 같이 여러 면이 보이는 것은 평면 도형이 아니야. 한쪽 면만 볼 수 있는 도형을 평면 도형이라고 하는 거야.

직각

한 점에서 그은 두 직선으로 이루어진 도형을 각이라고 해. 그중, 두 직선이 책상 모서리처럼 반듯하게 만나는 모양을 직각이라고 하지. 책상 모서리나 책 모서리, 종이 상자 모서리 모두 직각 모양이야.

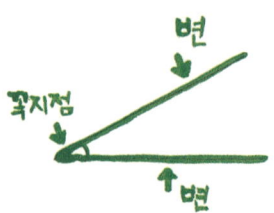 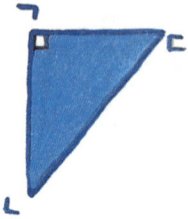

여러 가지 모양의 직각삼각형, 사각형

삼각형의 한 각이 직각을 이루고 있는 삼각형은 모두 직각삼각형이야. 같은 직각삼각형이라도 모양이나 크기는 천차만별이니까 주의해야 해.

네모를 사각형이라고 하는데, 모서리가 모두 직각인 사각형을 직사각형이라고 불러. 가로와 세로 길이가 모두 같으면 정사각형이라고 하지. 잊어버리면 안 되는 사항 하나. 정사각형은 직사각형이 될 수 있지만 모든 직사각형이 정사각형은 될 수 없어. 가로와 세로 길이가 다른 직사각형도 있으니까.

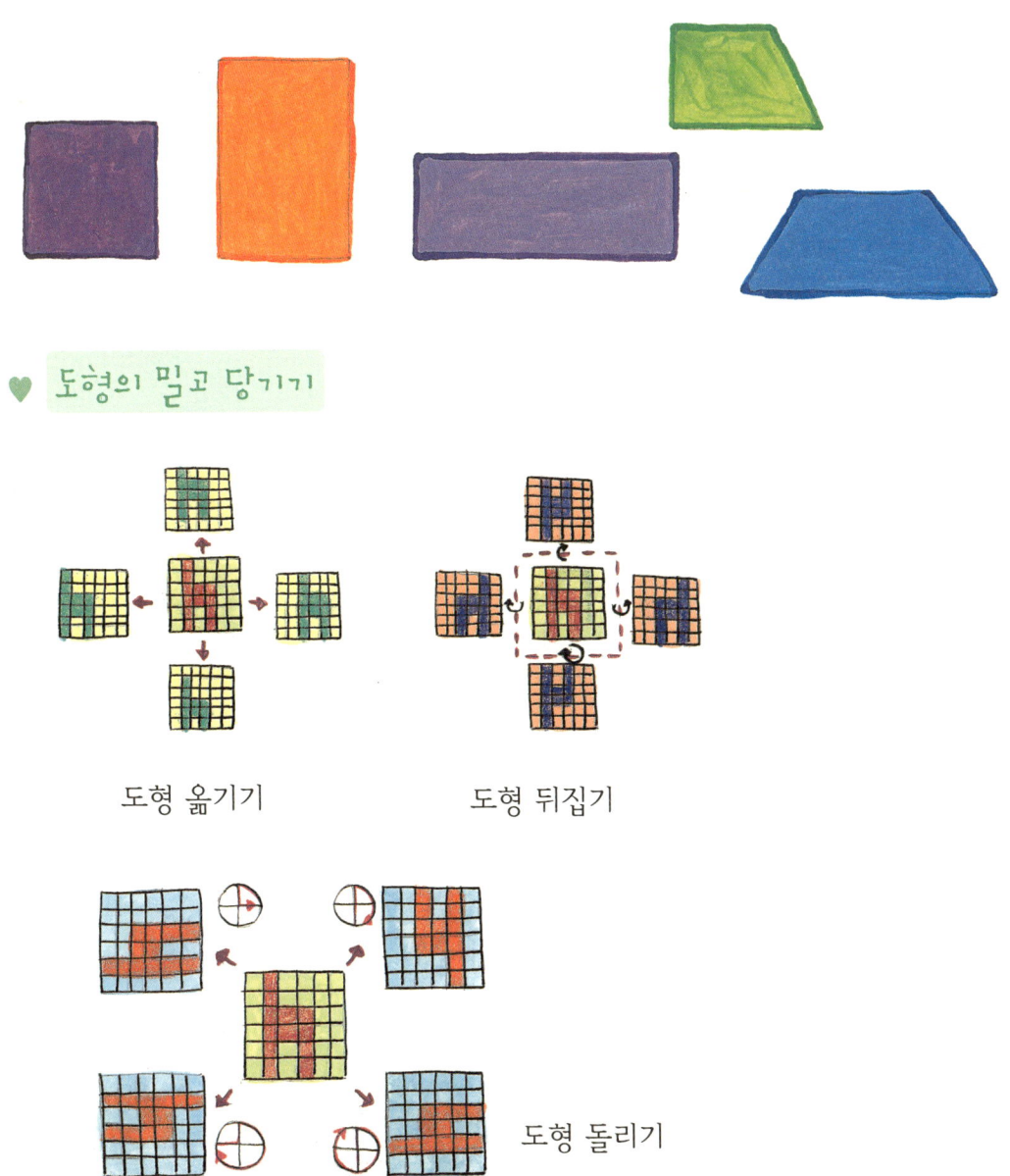

도형 옮기기　　도형 뒤집기

도형 돌리기

도형을 옆으로 밀거나 위, 아래로 이동해도 모양은 변하지 않아. 물론 옆으로 돌려도 마찬가지야. 다만 도형을 위, 아래, 옆으로 옮겨 가면서 모양이 어떻게 변하는지 한번 살펴봐.

머리가 좋아지는 이야기 문제

도전! 나도 백점

♥ 칠교놀이

　오늘, 창식이는 쉬는 시간에 동준이와 칠교놀이를 했어요. 재미있게 그림을 맞추고 있는데, 선생님이 뒤에서 칠교놀이 장난감을 유심히 보시더니 수업 시간에 잠깐 칠교놀이 세트를 빌리자고 하셨어요. 오늘 도형 수업이 있거든요. 여러분도 선생님의 질문에 함께 답해 보세요.

1. 직각은 모두 몇 개일까요?

2. 직각 삼각형은 무엇, 무엇인가요?

3. 사각형은 무엇인가요?

♥ 도장 만들기

　창식이는 오늘이 너무 기다려졌어요. 태어나서 처음으로 도장을 갖게 되는 날이거든요. 그것도 직접 만든 도장을요. 그림 카드로 만들어진 글자들이 책상 위에 놓여 있어요. 그림 카드에 적힌 글자대로 도장을 파면 예쁜 도장이 된대요. 친구들의 도장으로 쓸 그림 카드를 찾아주세요.

4. 창식이의 도장을 만들기 위해 필요한 그림 카드는 무엇일까요?

5. 그림 카드를 위쪽으로 뒤집어야 제대로 된 글자의 도장을 만들 수 있는 친구는 누구일까요?

6. 오른쪽으로 직각만큼 돌려야 올바른 도장을 만들 수 있는 친구는 누구일까요?

♥ 피자 파티

피자 파티가 열렸어요. 기다란 종이 상자에 피자가 가득 들었어요. 피자를 먹으려면 선생님의 질문에 정답을 말해야 해요. 우리 모두 열심히 선생님 질문에 답해서 맛있는 피자를 함께 먹어요.

7. 피자의 반지름은 몇 cm일까요?

8. 종이 상자에 피자가 6개 들어 있어요. 종이 상자의 가로 길이는 몇 cm일까요?

> 정답
> 1. 9개 2. ㄱ, ㄷ, ㅁ, ㅂ, ㅅ 3. ㄴ, ㄹ 4. ㄱ,ㄹ 5. 샛별 6. 동준 7. 10cm 8. 120cm

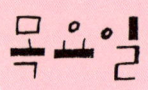

곱셈을 뒤집으면 나눗셈!

공부할 내용

- 똑같이 나눠요.
- 곱셈과 나눗셈의 관계를 알아요.
- 나눗셈으로 몫과 나머지를 알 수 있어요.
- 나눗셈을 쉽게 하는 세로 식을 알아요.
- 두 자리 수를 한 자리 수로 나눌 수 있어요.

교과서 찾아보기

3학년 1학기

4단원 나눗셈
1. 똑같이 묶어 덜어 내기
2. 똑같게 나누기
3. 나눗셈의 몫
4. 곱셈과 나눗셈의 관계
5. 나눗셈의 몫을 구하는 방법
6. 나눗셈 식의 세로 형식
7. 곱셈을 활용하여 나눗셈의 몫 구하기

3학년 2학기

4단원 나눗셈
1. (몇십) ÷ (몇)
2. (몇십 몇) ÷ (몇) (1)
3. 나눗셈의 몫과 나머지
4. 나눗셈의 검산
5. (몇십 몇) ÷ (몇) (2)
6. (몇십 몇) ÷ (몇) (3)

창식이와 함께 하는 예습 시간

너희끼리 나눠 가져!

 나눗셈의 나머지는 나누려는 숫자보다 작아요.

책장 속의 비밀

　북쪽 길 끝에 새로운 동굴 입구가 보였다. 샛별이가 동굴 앞에서 머뭇거렸다. '아무래도 거울에 갇혔던 두려움이 씩씩한 샛별이를 소심쟁이로 만들었나 보다'라고 창식이는 생각했다.

　"동준아, 너랑 샛별이랑 바꿔 봐. 내가 먼저 들어갈게."

　큰소리를 쳤지만 창식이도 무섭기는 마찬가지였다. 아이들은 서로 손을 꼭 잡고 동굴 안으로 가만히 한 발을 들이밀어 보았다. 뭔가 튀어나오거나 이상한 물건이 닿지는 않았다. 이상한 소리도 들리지 않았다. 눈을 질끈 감고 나머지 한 발도 동굴 속으로 쏙 밀어 넣었다.

　"야, 만화책이다. 엄청 많네!"

　아이들은 동준이의 신 나는 목소리에 살그머니 눈을 떴다.

동굴 안으로 들어갈수록 동굴 입구는 꼭꼭 숨겨지는 것 같았다. 책꽂이에 둘러싸인 동굴은 박물관에서 봤던 옛날 만화가게 같았다. 동화책, 만화책, 별의별 책들이 가득했다.

"여기서는 또 어떻게 나가지?"

보통 때 같으면 만화책에 기뻐했을 동준이도 이제는 장난기가 쏙 들어가 버렸다.

"다른 책꽂이에는 책이 모두 꽂혀 있는데 여기만 비었네?"

동준이와 창식이는 재빨리 샛별이 옆으로 다가갔다.

"위에서부터 찬찬히 살펴보자. 뭐라고 써 있을 거야. 난 위를 볼 테니까 동준이 너는 아래부터 봐 봐."

"찾았다! 여기 맨 아래 칸에 뭐라고 써 있어."

책꽂이 앞에 있는 책을 책꽂이에 꽂으시오. 단, 칸마다 꽂힌 책의 수가 같아야 합니다.

"이게 무슨 소리지?"

"칸칸마다 똑같은 수만큼 책을 꽂으라는 얘기 같은데."

"그건 간단하잖아. 첫째 칸에 한 권 꽂고, 둘째 칸에 한 권 꽂고, 맨 끝 칸까지 꽂은 다음에 다시 첫 번째 칸에 두 번째 책을 꽂으면 되잖아."

"누가 그걸 몰라? 근데 그렇게 해서 어느 세월에 다 꽂냐고. 그 책 다 꽂다가 하루 종일 걸리겠다."

"우선 책이 모두 몇 권인지 세어 보자. 세기 편하게 10개씩 한 묶음으로."

"그래. 그럼, 난 이쪽부터 할게. 너희는 저쪽부터 해."

아이들은 쌓여 있는 책을 세기 시작했다.

"책은 모두 200권이야. 책꽂이의 칸 수는 5칸. 한 칸에 10권씩 꽂으면 모두 50권 밖에 꽂을 수 없네."

"20권씩 꽂으면 100권이야."

"200권이면 40권씩 꽂으면 되는구나."

첫째 칸에 40권을 꽂고,
둘째 칸에 다시 40권,
셋째 칸에 또 40권,
넷째 칸에 처음처럼 40권,
다섯째 칸에 마지막으로 40권.
40권씩 다섯 번 꽂으면
책꽂이 정리는 끝!

❋ 나누기를 할 수 있어요!

★ 나누기의 개념 이해하기

나누기는 똑같은 묶음을 덜어내는 거예요.

 귤 상자에 18개의 귤이 있어요. 창식이, 동준이, 샛별이에게 똑같이 귤을 나누어 주세요. 아이들에게 똑같이 나눠 주기 위해 한 번에 3개씩 덜어내요. 3개씩 모두 여섯 번을 덜어내면 상자 안에 귤이 하나도 남지 않아요.

 18개의 귤을 세 명에게 나누어 주려면,
18개의 귤을 3개씩 여섯 번 덜어내야 해요.
나눗셈으로 표시하면,
$18 \div 3 = 6$, 18 나누기 3은 6

 나누기는 같은 묶음만큼 빼주는 것과 같아요.
$18 - 3 - 3 - 3 - 3 - 3 - 3 = 0$
3씩 여섯 번 빼주면 0이 나와요.

★몫이 나타내는 것

나누기는 똑같은 묶음을 덜어내는 것이라고 했어요. 세 명의 친구에게 귤을 똑같이 나누어 주기 위해 3개씩 몇 번 덜어냈는지 기억하나요? 3개씩 여섯 번 덜어냈어요. 이렇게 몇 번 덜어내는지를 나타내 주는 것이 바로 몫이에요. 18개의 귤을 세 친구에 똑같이 나누어 주면 한 명당 6개의 귤을 갖게 돼요. 그러니까 한 명이 갖고 있는 귤의 숫자, 6이 몫이 되는 거예요.

18 ÷ 3 = 6
여기서 몫은 6

사탕 바구니에 10개의 사탕이 들어 있어요. 사탕을 2개씩 묶어서 덜어내면 몇 번까지 덜어낼 수 있을까요? 여기서는 사탕을 덜어 낸 횟수가 몫이 되는 거예요.

책꽂이에 책을 모두 꽂자 갑자기 '웅~' 하는 소리가 들렸다. 그러더니 철 컥 소리와 함께 책장이 빙그르 돌기 시작했다.

"야, 조심해! 빨려 들어가지 않게."

옆에서 창식이가 샛별이의 팔을 붙잡으며 말했다. 책장은 어느새 다른 새로운 책꽂이로 바뀌어 있었다.

"에이 뭐야, 문은 안 열리고."

아이들은 다시 미로 동굴 속, 아니 책 동굴 속을 살펴보기 시작했다. 빈 책꽂이도 없었고, 이상한 물건도 눈에 띄지 않았다. 샛별이는 아직도 새로 나타난 책꽂이 앞을 서성이고 있었다. 그러다가 유심히 무엇인가 쳐다보더니 손가락으로 꾹 눌렀다.

"만지지 마!"

창식이와 동준이가 동시에 소리쳤다.

아이들 소리에 뒤돌아보던 샛별이는 갑자기 머리가 빙글 도는 것 같았다.

"어! 여긴 아까 그 유리 동굴이잖아. 이 책꽂이는 또 뭐야. 이젠 나만 갇힌 게 아니라 책꽂이랑 같이 갇혀 버렸네."

샛별이는 조금 전에 만졌던 버튼이 그대로 책장에 붙어 있는지 살펴보았다. 다행히 책꽂이에는 아무 변화가 없었다.

'어휴, 다행이다.'

샛별이는 다시 용기를 내어 버튼을 눌렀다.

'제발, 제발.'

다시 웅~ 소리와 함께 샛별이와 책꽂이는 책 미로 동굴로 돌아왔다.

"샛별아!"

창식이와 동준이는 깜짝 놀라서 뛰어왔다.

"어떻게 된 거야?"

"하하. 내가 마술 좀 부렸지."

"장난치지 말고!"

"사실은 책꽂이 옆에 숫자판이 있었어. 책꽂이에 책을 꽂을 때 칸마다 똑같이 꽂은 게 생각나서 그대로 한번 눌러봤거든.

책꽂이에 칸이 다섯 개, 칸마다 책은 20권씩

$5 \times 20 = 100$

이렇게 눌렀더니 갑자기 책꽂이가 빙글~ 하고 돌아버린 거야.
근데 말이야. 이 책꽂이가 빙 돌면 어디로 가는 줄 알아?
바로 우리가 조금 전에 빠져나온 유리 동굴이었어."

"정말? 근데 어떻게 다시 돌아온 거야?"

"갈 때 곱하기를 했으니까 올 때는 나눗셈을 한번 해 봤지."

"어떻게?"

$100 \div 5 = 20$

"그럼, 옆에 숫자판이 달린 책꽂이들은 다른 동굴 벽면하고 연결되어 있다는 거네?"

"맞았어. 그러니까 우리가 숫자판이 달린 책꽂이를 찾으면 되는 거지."

아이들은 책꽂이들을 하나하나 살펴보았다. 하지만 옆에 숫자판이 달린 책꽂이는 하나도 없었다.

✱ 곱셈과 나눗셈의 관계

세 명의 친구들이 각각 책을 9권씩 가지고 왔어요.
3 × 9 = 27
책은 모두 27권. 이제 27권을 다시 여러 개의 묶음으로 나누어 볼까요?
처음처럼 세 사람에게 나눠 줄 경우
27 ÷ 3
만약 아홉 명에게 나눠 준다면
27 ÷ 9

3 × 9 = 27 ➡ 27 ÷ 3 = 9
➡ 27 ÷ 9 = 3

곱셈 식과 나눗셈 식은 이렇게 거울에 비친 모습처럼 서로 위치를 바꾸어 주면 돼요.
두 개의 숫자를 곱해 주면 곱하기 값이 나오고
곱하기 값을 한 숫자로 나눠 주면 몫이 나와요!
아하! 곱셈과 나눗셈은 결국 뒤집기를 얼마나 잘하느냐가 중요하군요!

"이상하다. 그런 책꽂이가 하나도 없네."

"아까 그 책꽂이는 어떻게 찾았던 거지?"

"빈 책꽂이에 책을 다 꽂으니까 뒤에 있던 책꽂이가 앞으로 온 거였잖아."

"그럼 다른 책꽂이들도 전부 뒤쪽에 있다는 말이네?"

"빈 책꽂이도 없고, 숫자판이 달린 책꽂이도 없고. 아이, 답답해. 뭘 어떻게 하라는 거냐고!"

동준이는 이제 슬슬 짜증이 나기 시작했다. 책 속에 파묻혀 있자니 괜히 머리가 아픈 것 같았다.

"영화에서 보니까, 책을 한 권 빼면 책장이 움직이던데. 혹시 여기도 그렇지 않을까?"

아이들은 다른 책꽂이에 꽂혀 있는 책을 한 권씩 뺐다 꽂았다 해 보았지만 책꽂이는 꼼짝도 하지 않았다. 창식이가 책꽂이에 책을 꽂다가 동준이와 샛별이를 불렀다.

"책꽂이 칸마다 꽂힌 책의 수가 같아야 한다고 했지?"

"맞아. 첫 번째 책꽂이에 그렇게 적혀 있었어."

"이 책꽂이는 칸마다 책 권수가 조금 다른 것 같아."

아이들은 책을 모두 세어 본 후 다시 다섯 칸에 똑같이 나눠 꽂기로 했다.

"책은 모두 178권. 그럼 다섯 칸으로 나누면? 이번에는 똑같이 맞출 수가 없겠는걸."

"다섯 칸으로 나누면 35권씩 꽂고 3권이 남아. 그럼 3권을 꽂을 데가 없잖아."

"그럼 4칸으로 나누고, 나머지를 마지막 칸에 꽂는 게 아닐까?"

178을 4로 나누어 44권씩 꽂으면 두 권이 남는다.

$$178 \div 4 = 44 \cdots 2$$

"빨리 44권씩 옮겨 꽂아 보자."

아이들은 책이 모자란 칸에는 더 꽂고, 남는 칸에서는 빼면서 4칸에 똑같은 권수의 책을 꽂았다. 나머지 두 권을 꽂자 뒤에 있는 책꽂이가 웅~ 하고 앞으로 나왔다.

"그런데 이 책꽂이가 있는 쪽이 북쪽 맞나?"

동준이가 나침반을 들여다보며 방향을 확인했다.

"휴, 다행이다. 다른 책꽂이를 더 안 옮겨도 되네."

"이제 숫자판이 달린 책꽂이가 앞으로 왔으니까 빨리 곱셈 식을 넣어 보자."

"칸 수와 꽂혀 있는 책 권수를 곱하면 된다고 했지?"

"그런데 여기는 4칸은 똑같고, 나머지 한 칸은 다른데…….."

"그때는 나머지를 더하면 돼!"

샛별이가 창식이와 동준이에게 설명을 해 주었다.

"첫째 칸에 몇 권이 꽂혀 있고, 나머지는 몇 권이야?"

"첫째 칸부터 넷째 칸까지 46권씩 꽂혀 있고, 나머지는 3권."

"그럼 이렇게 하면 돼!

$46 \times 4 + 3 = 187$"

돌아올 때를 대비해 아이들은 나눗셈 식까지 미리 연습해 보기로 했다.

$187 \div 4 = 46 \cdots 3$

아이들은 책꽂이 앞에 나란히 서서 손을 꼭 잡았다. 그리고 맨 앞에 선 동준이가 곱셈 식을 누르기 시작했다. 아이들은 답답한 책 동굴을 빨리 벗어나고 싶었다. 다음에 어떤 미로 동굴이 나오더라도.

✽ 나눗셈을 세로 식으로!

사과 20개를 4봉지로 나눌 때, 나눗셈 식은 20 ÷ 4로 나타낼 수 있어요. 여기서 한 봉지 안에 들어가는 사과의 개수를 몫이라고 해요.

곱셈 식에서 나눗셈 식으로 바뀌었던 것을 생각하면 쉽게 구할 수 있어요.

20 ÷ 4 = 5, 이때 몫은 5

나눗셈 식은 이렇게 가로로 나타낼 수도 있지만 세로로도 나타낼 수 있어요. 복잡한 곱셈 식을 쉽게 하기 위해 우리가 화요일에 배웠던 세로 곱셈 식처럼요.

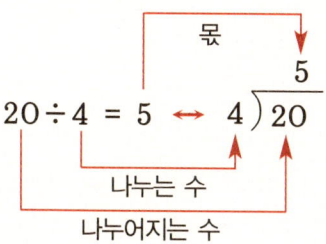

20 안에 4가 몇 번 들어가는지를 나눗셈 기호 위에 쓰면 돼요.

4씩 덜어내면 5번 덜어낼 수 있어요.

그래서 몫은 5

몫의 위치는 나눗셈 기호 위

★ 나눗셈의 몫과 나머지

6개의 사탕을 두 명에게 나눠 줄 때는 3개씩 주면 돼요. 8자루의 연필을 네 명의 친구에게 나눠 주려면 2개씩 주면 되고요. 사탕이나 연필은 더 이상 남아 있지 않아요. 나눗셈을 했을 때 나머지가 없으면 '나누어 떨어진다' 라고 해요.

$$4\overline{)8} \begin{array}{c} 2 \rightarrow 몫 \\ \hline 0 \rightarrow 나머지 \end{array}$$

구슬이 13개 있어요. 세 명의 친구들에게 똑같이 나눠 주려고 해요.

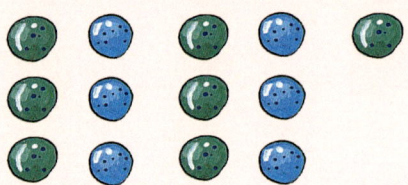

어! 큰일이네요. 세 명의 친구들에게 똑같이 나누어 줄 수가 없어요. 구슬 13개를 세 명에게 나누어 주려면, 세 친구들에게 4개씩 구슬을 나누어 주고 한 개를 남겨야 해요. 이때 세 명의 친구에게 나누어 줄 구슬은 몫, 남은 구슬은 나머지라고 해요.

나눗셈 식은 가로 식과 세로 식, 두 가지로 표현할 수 있어요.

$13 \div 3 = 4 \cdots 1$

몫 나머지

$$3 \overline{)13} \begin{array}{r} 2 \rightarrow \text{몫} \\ \underline{12} \\ 1 \rightarrow \text{나머지} \end{array}$$

★ 나눗셈의 검산

나눗셈을 맞게 했는지 확인하는 것을 검산이라고 해요. 우리가 했던 구슬 나누기가 맞았는지 살펴보기로 해요.

1. 구슬은 3개씩 4묶음과 나머지가 1개입니다.
2. 덧셈 식으로 나타내면
   3 + 3 + 3 + 3 + 1 = 13
3. 곱셈 식으로 나타내면
   3 × 4 + 1 = 13

나눗셈 식 13 ÷ 3 = 4 ⋯ 1을 곱셈 식으로 나타내면 3 × 4 + 1 = 13

나눗셈 식 13 ÷ 3 = 4 ⋯ 1의 검산 식은 3 × 4 + 1 = 13

★복잡한 나눗셈도 할 수 있어요

우리는 곱셈 식과 나눗셈 식의 관계에서 구구단이 얼마나 중요한지 다시 한 번 느꼈어요.

그런데 구구단의 곱셈 식을 이용할 수 없는 복잡한 숫자는 어떻게 나눗셈을 할까요? 어려워할 필요 없어요. 우리가 앞에서 배운 대로 차근히 나누어 보면 돼요.

나눗셈 식 52 ÷ 4를 다 같이 풀어 볼까요?

우선 52를 10씩 4묶으로 만들어요.
10 + 10 + 10 + 10 = 40

52에서 40을 덜어내고 나면 12가 남아요.
이제 12를 다시 4묶음으로 나눠 줘요.
3 + 3 + 3 + 3 = 12

10씩 4묶음, 다시 3씩 4묶음
합치면 13씩 모두 4묶음
52 ÷ 4 = 13이 되는 거예요.

```
              13
10번   4) 52
          -40      3번
           12
           12
            0
```

창식이와 함께 하는 복습 시간

곱셈 박사는 나눗셈도 박사!

♥ 나누기 이해하기

곱셈을 어떻게 계산하는지 이해하고 있으면 나눗셈도 쉽게 계산할 수 있어. 곱셈이 묶음을 여러 번 더해 주는 것이라면, 나눗셈은 똑같은 묶음을 덜어내는 거야. 무슨 말인지 모르겠다고?

귤 상자에 18개의 귤이 있어. 귤을 6개씩 나누어 준다면 몇 명의 친구에게 나눠 줄 수 있을까? 6개씩 묶어서 덜어내 봐. 6개, 6개, 6개.

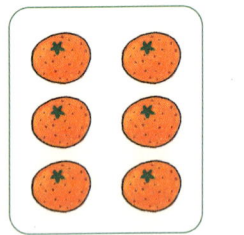  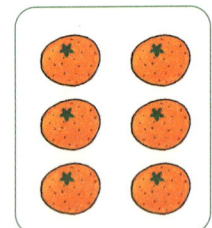

이렇게 18개의 귤을 6개씩 덜어내는 것을 바로 나눈다고 하는 거야.

18을 6으로 나눈다.
18 ÷ 6 = 3, 18 나누기 6은 3

이때, 6개씩 세 번 덜어냈잖아. 세 번 덜어낸 것을 몫이라고 부르면 돼.

♥ 곱셈과 나눗셈의 관계

곱셈을 잘하면 나눗셈도 잘할 수 있다고 했어. 왜 그럴까?

세 명의 친구가 각자 책을 9권씩 가지고 왔어.

3 × 9 = 27

책은 모두 27권. 이제 27권을 다시 여러 개의 묶음으로 나누어 볼까?
처음처럼 세 사람에게 나눠 줄 경우, 27 ÷ 3
만약 9개씩 나눈다면, 27 ÷ 9

3 × 9 = 27 〈 27 ÷ 3 = 9
            27 ÷ 9 = 3

곱셈 식과 나눗셈 식은 이렇게 거울에 비친 모습처럼 서로 위치를 바꾸어 주면 되는 거야. 두 개의 숫자를 곱해 주면 곱하기 값이 나오고, 곱하기 값을 한 숫자로 나눠 주면 몫이 나오지. 아하! 곱셈과 나눗셈은 결국 뒤집기를 잘하는 게 중요하구나!

♥ 나눗셈을 세로 식으로

곱셈 식을 계산할 때 세로 식 사용하는 법을 배웠지? 나눗셈도 세로 식으로 하면 좀 더 편하게 할 수 있어. 나눗셈 식 20÷4=5가 있어. 그럼 이 식을 세로 식으로 바꾸어 볼까?

$$20 \div 4 = 5 \leftrightarrow 4\overline{)20}^{\,5}$$

(몫 ↑, 나누는 수 ↑)

나누기 표시를 기준으로 나누어지는 수는 안에, 나누는 수는 밖에, 몫은 위에 써 주면 돼. 하나도 복잡하지 않지?

♥ 나눗셈의 몫과 나머지

나눗셈을 했을 때 똑같이 나눔을 할 수 있으면 '나누어 떨어진다'고 해. 연필 8개를 친구 네 명이 2개씩 나누어 갖는 것처럼.

하지만 똑같이 나눌 수 없을 때도 있어. 13개의 구슬을 친구 세 명이 나누려면 어떻게 해야 할까? 이럴 땐 세 명의 친구에게 공평하게 나누어 주고, 못 나누는 것은 남기면 돼. 이때 세 명의 친구에게 나누어 준 구슬은 몫, 남은 구슬은 나머지라고 한단다.

세로 식
$$3\overline{)13}^{\,2} \quad \begin{array}{r} \underline{12} \\ 1 \end{array}$$
← 몫
← 나머지

가로 식   13 ÷ 3 = 4 ⋯ 1

♥ 나눗셈의 검산

나눗셈을 했는데, 맞았는지 틀렸는지 잘 모르겠다고? 나눗셈과 곱셈 관계를 생각해 봐. 맞았는지, 틀렸는지 쉽게 확인해 볼 수 있을 거야.

$12 \div 3 = 4 \quad \rightarrow \quad 3 \times 4 = 12$

나머지가 있는 경우는 이 방법을 써 봐. 몫은 곱해 주고, 나머지는 더해 주고.

나눗셈 $13 \div 3 = 4 \cdots 1$

여기서 몫은 4, 나머지는 1
그럼 몫 4는 곱해 주고, 나머지 1은 더해 주고.

$3 \times 4 + 1 = 13$

어때, 간단하지?

머리가 좋아지는 이야기 문제

도전! 나도 백점

♥ 똑같이 나눠 먹어야 해

　오늘은 창식이네 모둠이 방과 후 청소를 하는 날이에요. 선생님은 창식이에게 남아 있는 친구들과 똑같이 나눠 먹으라고 꿀떡을 큰 그릇에 담아 주셨어요. 교실로 돌아오면서 꿀떡을 세어 보니 모두 45개였어요. 창식이는 꿀떡이 무척 맛있어 보였어요. 그래서 주위를 둘러본 후 얼른 꿀떡 하나를 입에 쏙 넣었어요. 창식이는 교실까지 걸어오면서 모두 3개의 꿀떡을 먹었어요. 교실에는 7명의 친구들이 남아 있어요. 교실로 돌아온 창식이는 친구들과 똑같이 꿀떡을 나눠 먹었답니다.

1. 창식이가 교실에 들고 간 꿀떡 수는 모두 몇 개였을까요?

2. 모둠 친구들은 모두 꿀떡을 몇 개씩 먹었을까요?

3. 모둠 친구들이 먹은 꿀떡을 뺄셈 식으로 나타내 보세요.

4. 창식이는 모두 몇 개의 꿀떡을 먹었을까요?

♥ 둥글게, 둥글게! 헤쳐 모여!

창식이네 반 체육 시간이에요. 선생님과 짝짓기 게임을 해요. 다 같이 손을 잡고 돌면서 노래를 불러요. 이제부터 선생님의 호루라기 소리에 맞추어 짝짓기를 해요. 창식이네 반 친구들은 모두 30명이에요. 모이는 사람의 숫자가 달라질 때마다 만들어지는 모둠 수가 달라져요. 모둠을 못 만들면 게임을 쉬어야 해요. 자, 선생님의 호루라기 소리에 집중하세요.

5. 삑! 다섯 명!
   선생님이 호루라기를 부셨어요. 몇 개의 모둠으로 나뉘었을까요?

6. 다시 '둥글게 둥글게' 노래를 해요.
   삑! 일곱 명!
   선생님이 또 호루라기를 부셨어요. 모둠을 만들지 못한 친구는 몇 명일까요?

7. 남은 친구들이 노래를 부르며 다시 돌아요.
   삑! 네 명!
   모둠을 만들지 못한 친구가 있을까요? 있으면 ○, 없으면 × 표를 하세요.

정 답

1. 42개 2. 6개 3. 42-7-7-7-7-7-7=0 4. 9개 5. 6 모둠 6. 2명 7. ○

분수, 소수
내 친구 만들기!

공부할 내용

- 전체와 부분으로 나타내 보아요.
- 분수로 표현할 수 있어요.
- 분수를 소수로 나타낼 수 있어요.
- 분수의 크기, 소수의 크기를 비교할 수 있어요.

교과서 찾아보기

3학년 1학기

7단원 분수
1. 분수만큼 알기
2. 분수로 나타내기
3. 몇 개인지 알기
4. 분수의 크기 비교 (1)
5. 분수의 크기 비교 (2)

3학년 2학기

6단원 소수
1. 0.1
2. 소수 (1)
3. 소수 (2)
4. 소수의 크기 비교

창식이와 함께 하는 예습 시간

내가 더 먹을 거야!

문지기의 시선을 뺏어봐

"거기 꼬맹이들, 빨리 빨리 못 움직여?"

볼똑 튀어나온 배에 멜빵 바지를 입은 아저씨가 아이들을 향해 소리쳤다. 수염이 얼굴을 절반쯤 덮고 있고, 커다란 빨간 모자까지 눌러 써서 아저씨의 얼굴에선 거의 눈밖에 보이지 않았다.

"여기 어디야? 미로 동굴 맞아?"

아이들은 어리둥절한 표정으로 서로를 쳐다보았다.

동굴 안에 사람이 있다는 사실보다, 다른 동굴보다 10배는 넓다는 것보다, 뚱보 아저씨의 무서운 얼굴보다 아이들을 더 놀라게 만든 건 수많은 작은 사람들이었다.

백설공주 이야기 속에 나오는 바로 난쟁이처럼.

　동굴 가운데에 세워져 있는 커다란 양철 파이프 밑으로 하얀색 동그란 반죽 같은 것이 퐁퐁 쏟아져 나오고 있었다. 양철 파이프를 사이에 두고 사람들이 두 줄로 길게 늘어서 있었는데, 가만히 보니 컨테이너 벨트가 사람들 앞으로 지나고 있었다.

　한쪽 줄은 하얀 반죽 위에 토마토며 치즈, 소시지 등 온갖 맛있는 것들을 올리고 있었다. 다른 한쪽 줄은 종이를 한번 보고 동그란 무엇인가에 금을 긋고 있었다. 아이들은 그제야 이곳이 피자 공장이라는 것을 깨달았다.

　"이리 오라는데 뭐하고 있는 거야?"

　아저씨의 목소리는 기차 화통을 삶아 먹은 것처럼 쩌렁쩌렁하고 무서웠다. 아이들은 쭈뼛쭈뼛 아저씨 앞으로 걸어갔다.

　"자, 빨리 빨리 만들라고. 주문이 밀렸어."

아이들은 아저씨의 성화에 떠밀려 한쪽 컨테이너 벨트 앞에 나란히 섰다. 작은 사람들은 열심히 피자를 자르고 있었다.

"하하하, 저건 왕 피자다. 저렇게 큰 걸 어떻게 들고 먹냐?"

"이건 정말 작다. 한 조각 먹어서는 간에 기별도 안 가겠는걸."

동준이와 샛별이는 신기한 듯 피자를 쳐다보았다. 이곳 피자는 아이들이 보던 피자와 조금 모양이 달랐다. 어떤 피자는 두 조각으로 자른 것도 있고, 어떤 피자는 16조각으로 나눴다. 원하는 만큼, 원하는 크기로 피자를 주문받는 모양이다. 작은 사람들은 주문서를 보고, 주문에 맞게 피자를 잘랐다.

아이들도 이제 주문에 따라 피자를 나눠야 했다. 맨 처음 주문은 어렵지 않았다.

"세 사람이 먹을 거예요."

"다섯 사람이 먹을 거예요."

주문서에는 먹을 사람의 숫자가 적혀 있어서, 그 숫자에 따라 선을 그으면 되었다.

세 사람이 먹을 피자는 똑같이 세 조각으로, 다섯 사람이 먹을 피자는 똑같이 다섯 조각으로.

"와, 이 사람들은 씨름 선수인가 봐. 여섯 판을 세 사람이 먹을 거라고 써 있는데. 여섯 판을 세 묶음으로 나누면 두 판씩 세 묶음. 한 사람이 두 판을 먹는 거네."

"피자 한 판 전부가 아니라 부분으로도 주문할 수 있나 봐. $\frac{1}{5}$조각 피자를 두 개 보내 달라고 써 있네. $\frac{1}{5}$이 두 개면 $\frac{2}{5}$. 자, 됐다."

아이들은 너무 바빠서 잠시 미로 동굴 속에 들어와 있다는 사실조차 잊어버렸다.

✱ 분수를 알아요!

★ 분수의 개념 이해하기

3학년이 되면 지금까지 우리가 배운 숫자와 다른 모양의 숫자를 만나게 돼요. 그중 첫 번째로 만날 숫자 모양은 분수예요. 분수는 전체 중에서 얼마만큼의 부분을 차지하는지 나타내는 숫자예요. 말이 너무 어렵다구요? 그럼, 그림으로 한번 살펴볼까요?

사탕 16개를 4명의 친구가 나누어 먹으려고 해요. 한 사람이 사탕 몇 개씩을 가지면 될까요?

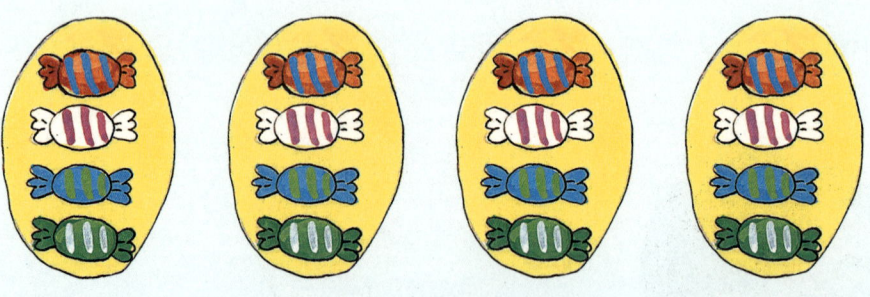

사탕 한 묶음은 4개의 묶음 중 한 묶음이에요. 4묶음 중 하나는 $\frac{1}{4}$로 표현해요. 1묶음에 사탕 4개가 들어 있으므로 16의 $\frac{1}{4}$은 4개가 되는 거예요.

4묶음 중 3묶음의 사탕을 갖게 되면 $\frac{1}{4}$이 3개이므로, $\frac{3}{4}$이 되는 거예요.

★ $\frac{1}{5}$과 $\frac{3}{5}$

이제 피자를 분수로 나타내 볼까요?

여기 커다란 피자 한 판이 있어요. 둥그런 피자를 다섯 사람이 먹을 수 있도록 똑같은 크기로 나누어요.

피자 다섯 조각 중 하나는 $\frac{1}{5}$
$\frac{1}{5}$이 두 개면 $\frac{1}{5}$
$\frac{1}{5}$이 세 개면 $\frac{3}{5}$
$\frac{1}{5}$이 네 개면 $\frac{4}{5}$

작은 사람들은 조용히 피자만 잘랐다. 쉬는 사람도 없고, 떠드는 사람도 없었다. 아이들도 커다란 피자 칼을 들고 계속 피자에 금을 그었다. 팔도 아프고, 다리도 쑤시고, 눈도 따끔거렸다.

"우리 이러다가 피자 귀신 되는 거 아니야?"

"빨리 입구를 찾아야 하는데. 포장한 피자를 바깥으로 내보내는 곳이 있을 거야."

아이들은 피자를 어디로 내보내는지 주위를 둘러보았지만 도무지 찾을 수가 없었다.

"팔도 아프고, 다리도 아프고. 아휴 정말 미치겠네."

투덜거리던 동준이는 자기도 모르게 다리 힘이 풀려 미끄러지고 말았다.

"에이, 힘드니까 다리에 힘도 없네."

동준이는 엉덩이를 톡톡 털며 일어섰다. 그때, 아래쪽에 뭔가 이상한 게 얼핏 보였다. 포장한 피자 더미 아래쪽으로 작은 사람들이 쭈그리고 앉아

있는 게 아닌가! 가만히 보니 한 무더기의 작은 사람들이 주문서를 보고 피자를 바깥으로 내보내고 있었다.

깜짝 놀란 동준이는 얼른 일어섰다. 동준이는 창식이 쪽을 슬쩍 쳐다보았다. 창식이는 아직도 출입구를 찾느라 계속 두리번거리고 있었다. 동준이는 옆에 있는 사람들이 눈치채지 못하도록 창식이에게 눈짓을 보냈다. 창식이는 기지개를 켜는 척하며 동준이 옆으로 얼굴을 갖다 댔다.

"포장 상자 쌓아 둔 곳 아래에 입구가 있어. 근데 사람들이 지키고 있어."

창식이는 샛별이에게도 동준이의 얘기를 전했다. 샛별이는 알아들었다는 듯 눈을 깜빡였다. 그러더니 갑자기 머리를 잡고 옆으로 쓰러졌다.

"아아, 어지러워. 도저히 못 서 있겠어."

그러자 멀리서 뚱보 아저씨가 샛별이 쪽으로 뛰어왔다. 샛별이는 어지러워서 못 일어나겠다는 듯 계속 바닥에 엎드려 있었다. 뚱보 아저씨가 퉁퉁거리며 다가왔다.

"무슨 일이지? 꾀병인가?"

샛별이는 조금 나아졌다는 듯 천천히 일어섰다.

"꾀병 아니에요. 조금 전에는 정말 어지러웠단 말이에요."

뚱보 아저씨는 의심스러운 듯 샛별이를 한번 쳐다보고는 다시 가운데로 걸어가면서 소리쳤다.

"주문이 밀렸어. 빨리 피자를 만들어야지. 빨리 피자를 잘라야지. 빨리 포장을 해야지."

샛별이는 풍보 아저씨도, 옆 사람들도 모르게 조금씩 문쪽으로 다가갔다. 새로운 주문서를 받으러 갈 때마다 한 자리씩 한 자리씩. 문이 가까워지자 문지기들이 더 잘 보였다. 샛별이는 피자를 자르면서 문지기들을 열심히 살폈다.

'그래! 바로 저거야.'

샛별이는 문지기들을 지켜보다 자기도 모르게 손뼉을 쳤다.

문지기들은 막대 사탕을 쌓아 놓고 쉬는 시간에 순서대로 하나씩 가져다 먹었다. 구석에 막대 사탕이 수북이 쌓여 있었지만 대장 문지기가 주지 않으면 누구도 사탕을 건드리지 않았다. 막대 사탕을 먹는 동안에는 아무 일도 하지 않았고, 아무것도 신경 쓰지 않았다.

'한꺼번에 막대 사탕을 나눠 주면?'

샛별이는 생각해 보았다. 문지기 11명이 동시에 막대 사탕을 먹으려면 얼마큼이 필요한지.

막대 사탕을 열 개로 나눠 보자.
작은 막대 사탕 하나는 큰 막대 사탕의 $\frac{1}{10}$, $\frac{1}{10}$은 0.1
0.1이 10개 모이면 큰 막대 사탕 하나.
11번째 문지기를 위해 0.1 막대 사탕 하나 더.
모두 합치면 큰 막대 사탕 하나와 0.1 작은 막대 사탕 하나.

샛별이는 동준이와 창식이에게 계획을 알렸다. 아이들은 살금살금 구석으로 가서 큰 막대 사탕을 가져왔다. 그리고 작은 사람들이 똑같이 나눠 먹을 수 있도록 10조각으로 나누었다.

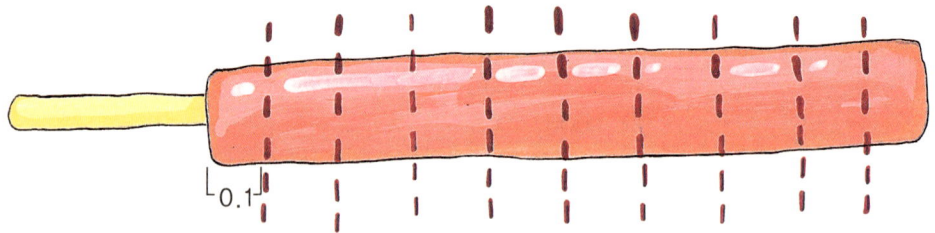

창식이는 작게 자른 막대 사탕을 어깨에 맨 작은 가방에 담았다. 고개를 돌리고 사탕을 세어 보던 창식이가 작은 목소리로 속삭이듯 말했다.

"이거만 주면 어떻게 해. 막대 사탕 하나가 모자라잖아."

동준이는 얼른 구석에 있는 작은 막대 사탕 하나를 창식이에게 던졌다. 창식이는 엉금엉금 기어서 문쪽으로 다가간 후 작은 사람들 앞에 사탕을 던졌다.

✤ 분수? 소수!

★새로운 모양의 숫자, 두 번째는 소수예요.

막대기 하나를 열 개로 나누었을 때, 그중 하나를 $\frac{1}{10}$이라고 해요. 분수 $\frac{1}{10}$은 다른 숫자로도 나타낼 수 있는데, 바로 소수랍니다. '0.1'이라고 쓰고 '영점일'이라고 읽어요.

$\frac{1}{10}$ = 0.1이다(이때 0.1에서 '.'은 소수점이라고 해요).

$\frac{1}{10}$ = 0.1 $\frac{2}{10}$ = 0.2 $\frac{3}{10}$ = 0.3 $\frac{4}{10}$ = 0.4

이렇게 0.1, 0.2, 0.3 으로 표현하는 것을 소수라고 해요.

★1보다 큰 소수

0.1이 10개 모이면 1이 돼요. 0.1이 10개 이상 모이면 1보다 큰 소수가 된답니다. 0.1이 6개 모이면 0.6(영점육), 0.1이 16개 모이면 1.6(일점육)이 돼요.

★자를 소수로 나타내기

작은 자의 키는 1cm래요.

1cm는 10mm

1mm는 1cm를 10개로 나눈 것 중에 하나와 같아요.

1mm=0.1cm

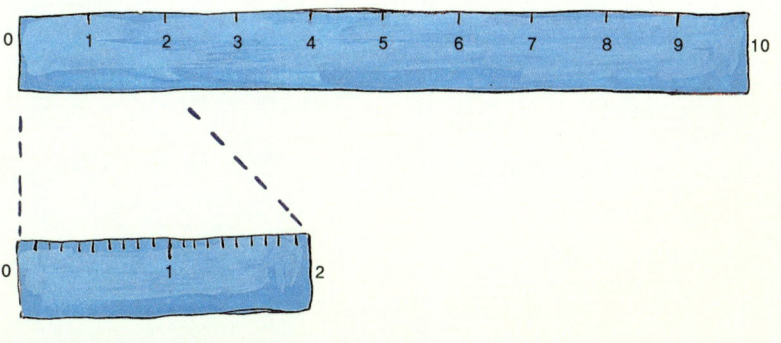

"문지기들이 사탕을 먹는 동안에 저 문을 빠져 나가야 해."

샛별이의 신호에 따라 아이들은 문쪽으로 살금살금 기어갔다. 문 앞에 도착한 아이들은 아수라장이 된 문 앞에서 깜짝 놀라고 말았다. 대장 문지기와 또 다른 문지기가 서로 배를 맞댄 채 큰 소리로 싸움을 하고 있었기 때문이다. 다른 문지기들도 주위에 모여서 서로 큰 사탕을 갖겠다고 소리를 질렀다.

"내가 그 사탕 먹을 거야!"

"네 사탕은 저기 있잖아. 사탕이 없는 사람은 나밖에 없으니까 그 사탕은 내 거야!"

"그럼 네가 내 사탕 먹어. 내가 그걸 먹을 테니까."

"왜 네가 그걸 먹어? 나도 큰 사탕 먹고 싶단 말이야."

"싫어. 내가 먹을 거야."

아이들은 문지기들이 무슨 이유 때문에 싸우는지 옆에서 들어보았다. 문제는 바로 동준이가 마지막에 건네 준 막대 사탕이었다.

사탕 11개 중 10개는 모두 0.1짜리 막대 사탕이었다. 큰 막대 사탕을 똑같이 10개로 잘라서 크기가 같았다. 하지만 마지막에 동준이가 준 사탕은 크기가 달랐다. 동준이는 비슷하다고 생각했지만 문지기들 눈에는 확실히 차이가 있어 보였다.

"잘 봐. 네 사탕은 $\frac{1}{5}$ 크기 사탕이야. $\frac{1}{10}$ 짜리 두 개를 합쳐야 네 사탕이랑 똑같아져. 그러니까 이 사탕들은 0.1 막대 사탕인데, 네 사탕은 0.2짜리 사탕이란 말이야."

 문지기들은 서로 더 큰 사탕을 차지하기 위해 계속 싸우고 있었다. 문지기들은 서로 싸우느라 피자 상자가 쌓이는 것도 몰랐다. 아이들이 옆에서 쳐다보는 것도 못 느꼈다.

 "여기서 싸움 구경할 시간이 없어. 저기 뒤쪽을 봐."

 뚱보 아저씨가 무슨 일인가 싶어 저쪽에서 뛰어오고 있었다.

 창식이가 동굴 가운데를 쳐다보며 샛별이와 동준이에게 외쳤다.

 "뛰자!"

✲ 크기 비교하기

★ 분수 크기 비교

모둠별로 피자 한 판씩을 나눠 먹어요. 영희네 모둠은 6명, 철수네 모둠은 8명이에요. 영희와 철수 중 누가 더 큰 피자를 먹었는지 맞혀 보아요.

영희네 모둠은 6명.

피자를 똑같이 나누어 한 조각씩 먹으면 $\frac{1}{6}$

철수네 모둠은 8명.

피자를 똑같이 나누어 한 조각씩 먹으면 $\frac{1}{8}$

$\frac{1}{6}$은 전체를 6으로 나눈 것 중 한 개, $\frac{1}{8}$은 전체를 8로 나눈 것 중 한 개.

피자를 나눠 먹어야 할 사람은 8명이 6명보다 많으니까

먹을 수 있는 피자의 크기는 $\frac{1}{6}$이 $\frac{1}{8}$보다 크겠죠.

$\frac{1}{6} > \frac{1}{8}$

★ $\frac{1}{6}$과 $\frac{2}{6}$의 크기

6조각으로 자른 피자 한 판이 있어요.

피자 한 조각을 먹으면 $\frac{1}{6}$, 피자 두 조각을 먹으면 $\frac{2}{6}$

$\frac{2}{6}$는 $\frac{1}{6}$이 두 개.

$\frac{5}{6}$는 $\frac{1}{6}$이 다섯 개

$\frac{1}{6}$ $\frac{2}{6}$

★ 소수의 비교

0.6과 0.8은 모두 소수예요. 어떤 소수가 더 클까요?

0.6은 0.1이 6개, 0.8은 0.1이 8개 모인 숫자예요. 0.8은 0.6보다 0.1을 두 개 더한 것만큼 더 커요.

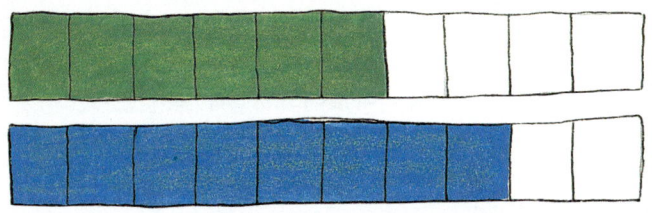

그렇다면 1보다 큰 소수는 어떻게 더 큰지 알까요?

2.4와 2.2의 모양은 비슷하지만 두 소수의 크기는 달라요. 2.4는 0.1이 24개, 2.2는 0.1이 22개 모여야 만들 수 있어요. 그러니까 2.4는 2.2보다 0.2만큼 큰 숫자예요.

창식이와 함께 하는 복습 시간

알면 쉬워지는 분수, 소수

♥ 분수 개념 이해하기

분수란 전체 중에서 얼마큼의 부분을 차지하는지 나타내는 숫자야. 사과 한 개를 똑같이 4조각으로 나누었을 때, 그중 한 조각을 $\frac{1}{4}$ 조각이라고 해. 사과 한 개를 전체라고 한다면 똑같은 크기로 나눈 한 조각은 부분이 되는 거지.

사탕 16개 중에서 내가 4개를 먹었으면 나는 전체 사탕 중 얼마를 먹은 걸까? 이때 사탕 16개가 전체가 되는 거고, 사탕 4개가 부분이 되는 거야.

사탕 4개를 한 묶음으로 해서 나눠 보면 4묶음이 나오는데, 그중 한 묶음을 먹었으니까 4묶음 중 한 묶음을 먹은 거지. 4개의 묶음 중 하나, 이걸 분수로 나타내면 $\frac{1}{4}$ 이 되는 거야. 만약 4묶음 중 두 개를 먹었다면 $\frac{2}{4}$, 3묶음을 먹었다면 $\frac{3}{4}$ 이라고 하면 돼.

그런데 사탕 16개를 다 먹었다면 얼마를 먹었다고 해야 할까? $\frac{4}{4}$ 또는 1이라고 하면 되겠지.

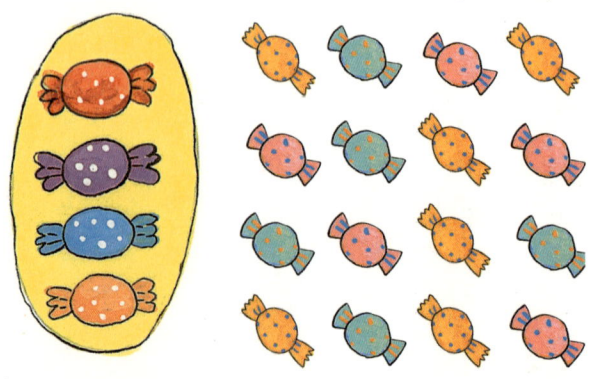

소수 개념 이해하기

지금까지 우리가 배운 숫자는 1, 2, 3처럼 하나 하나 온전하게 셀 수 있는 것들이었지. 그런데 1보다 작은 숫자도 있단다.

전체가 1인 막대기가 있다고 생각해 봐. 이 막대기를 10조각으로 나누었을 때, 한 조각을 분수로 뭐라고 부르면 될까? 맞았어. 바로 $\frac{1}{10}$이야. 분수 $\frac{1}{10}$은 0.1이라는 다른 이름도 갖고 있어. 이렇게 전체 1을 10조각으로 나눈 분수를 소수라는 다른 이름으로 부르기도 해.

분수 $\frac{1}{10}$을 소수로 나타낼 때는 '0.1'이라고 쓰고 '영점일'이라고 읽어. 0.1에서 '.'은 소수점이라고 부르면 돼.

$\frac{1}{10} = 0.1$ $\frac{2}{10} = 0.2$ $\frac{3}{10} = 0.3$ $\frac{4}{10} = 0.4$

♥ 분수, 소수 크기 비교하기(1)

$\frac{1}{5}$과 $\frac{2}{5}$ 크기 알아보기

식빵 한 개를 다섯 덩어리로 나누면

식빵 한 덩어리는 $\frac{1}{5}$이야.

식빵 두 덩어리는 $\frac{1}{5}$씩 두 개니까 $\frac{2}{5}$.

$\frac{3}{5}$, $\frac{4}{5}$는 식빵 덩어리가 3개, 4개.

0.2와 0.5 크기 알아보기

소수 0.1은 $\frac{1}{10}$이야.

$\frac{1}{10}$이 두 개 모이면 $\frac{2}{10}$가 되고, 소수로는 0.2가 돼.

0.2는 0.1이 2개, 0.5는 0.1이 5개.

그러니까 0.5는 0.2보다 0.1이 3개 만큼 더 큰 거야.

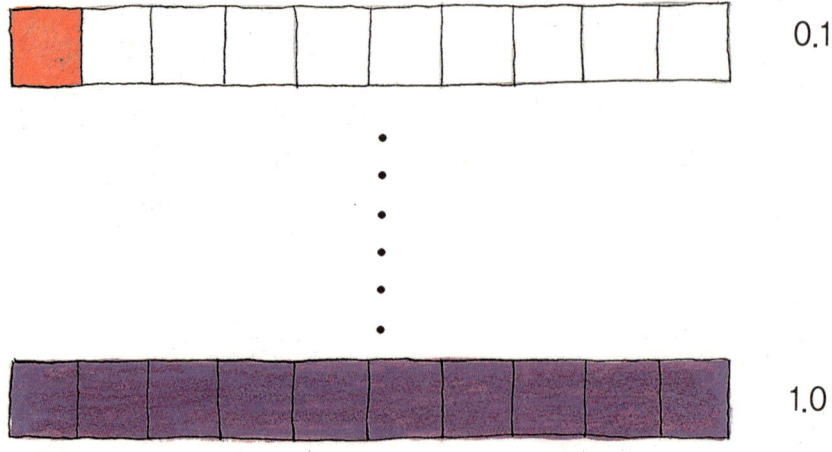

♥ 분수, 소수 크기 비교하기(2)

　오늘은 피자 파티날. 모둠별로 피자 한 판씩 나눠 먹기로 했어. 영희네 모둠은 5명, 철수네 모둠은 7명이야.

　영희네 모둠은 5명.

　피자를 똑같이 나누어 한 조각씩 먹으면 $\frac{1}{5}$

　철수네 모둠은 7명.

　피자를 똑같이 나누어 한 조각씩 먹으면 $\frac{1}{7}$

　피자를 나눠 먹어야 할 사람은 7명이 5명보다 많으니까 피자의 크기는 $\frac{1}{5}$이 $\frac{1}{7}$보다 크다는 것. 나누는 숫자가 커질 수록 피자 크기는 작아진다는 사실!

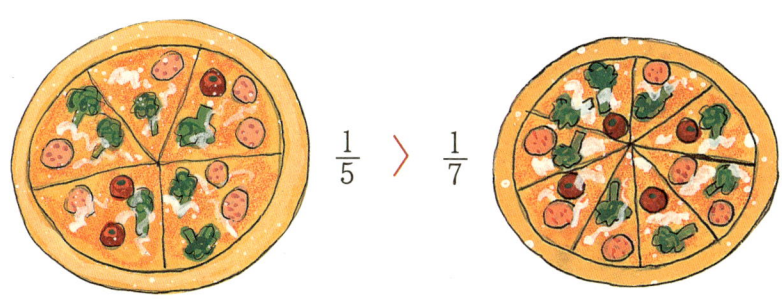

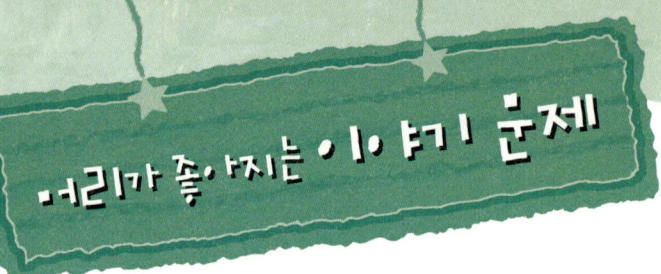

도전! 나도 백점

♥ 10번째 생일파티!

오늘은 창식이의 10번째 생일이에요. 창식이의 생일을 축하해 주러 친구들 6명이 놀러 왔어요. 엄마가 친구들을 위해 맛있는 과자를 구워 주셨어요. 나눠 먹기 좋게 과자가 가득 든 바구니와 작은 접시를 같이 가져다 주셨어요.

1. 바구니에 과자가 48개 들어 있어요. 친구들에게 과자를 똑같이 담아 나눠 주려고 해요. 하나의 작은 접시에는 몇 개의 과자를 담아야 할까요?

2. 친구 한 명은 바구니 속 과자 중 몇 분의 몇을 먹은 것일까요?

3. 샛별이는 자기 접시에 있는 과자 중 절반을 덜어서 동준이에게 주었어요. 샛별이는 바구니 속 과자 중 몇 분의 몇을 먹은 것일까요?

4. 창식이와 동준이, 샛별이는 각각 바구니 속 과자 중 몇 분의 몇을 먹은 것일까요? 많이 먹은 순서대로 적어 보세요.

♥ 나이를 맞혀 봐요

창식이의 할아버지는 올해 60세가 되셨어요. 창식이의 나이는 할아버지 연세의 $\frac{1}{6}$, 형은 할아버지 연세의 $\frac{1}{5}$이 되었어요.

60세 　　　 할아버지 나이의 $\frac{1}{6}$ 　　　 할아버지 나이의 $\frac{1}{5}$

5. 창식이의 나이는 몇 살일까요?

6. 형의 나이는 몇 살일까요?

7. 창식이와 형의 나이 차이는 얼마일까요?

♥ 신발 크기를 소수로

창식이 발은 195mm이고, 영희의 발은 152mm예요.

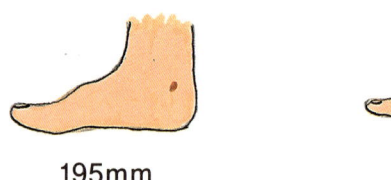

195mm   152mm

8. 창식이의 발은 몇 cm인지 소수로 나타내 보세요.

9. 영희의 발은 몇 cm인지 소수로 나타내 보세요.

10. 두 사람의 발 크기를 합하면 몇 cm인지 소수로 나타내 보세요.

정답

1. 8개 2. $\frac{1}{6}$ 3. $\frac{1}{12}$ 4. 동준이 $\frac{1}{4}$, 창식이 $\frac{1}{6}$, 샛별이 $\frac{1}{12}$ 5. 60세의 $\frac{1}{6}$, 60세를 6묶음으로 나누면 한 묶음에 10씩 된다. 그러므로 창식이는 10살 6. 60세의 $\frac{1}{5}$, 60세를 5묶음으로 나누면 한 묶음에 12씩 된다. 그러므로 형 나이는 12살 7. 12살-10살이므로 2살 8. 19.5cm 9. 15.2cm 10. 34.7cm

토요일

생활 속 단위, 이제는 문제 없어!

공부할 내용

- 길이와 시간, 들이와 무게의 뜻을 알아요.
- 길이의 합과 차를 알 수 있어요.
- 시간과 시각의 차이를 알고, 계산할 수 있어요.
- 들이의 합과 차를 알 수 있어요.
- 무게의 합과 차를 알 수 있어요.

교과서 찾아보기

3학년 1학기

8단원 길이와 시간
1. 1mm
2. 길이 재기
3. 1km
4. 길이의 합
5. 길이의 차
6. 시각과 시간
7. 1초
8. 시간의 합
9. 시간의 차

3학년 2학기

5단원 들이와 무게
1. 들이
2. 들이의 단위
3. 들이의 어림하기와 합과 차
4. 무게
5. 무게의 단위
6. 무게의 어림하기와 합과 차

창식이와 함께 하는 예습 시간

거꾸로 가는 시계

시계의 위 아래가 똑바로 놓여 있는지 꼭 확인하세요.
1시간은 60분이라는 것도 기억하세요.

시간이 없어, 얼른 가자!

아이들은 뛰고 또 뛰었다. 뒤에서 똥보 아저씨의 목소리가 들리는 듯했다. 똥보 아저씨가 너무 무서워서 나침반을 볼 겨를도 없었다. 똥보 아저씨에게 잡히면 큰일이니까.

그때, 앞서서 뛰던 창식이가 갑자기 멈춰 섰다.

"야, 빨리 뛰어. 이러다 잡히겠다."

창식이를 재촉하던 샛별이의 목소리가 작아졌다.

"왜 그래?"

동준이가 숨을 헐떡이며 다가왔다.

"뭐야, 우리 벌써 새로운 미로에 들어온 거야?"

아이들은 숨을 돌릴 새도 없이 미로 동굴 속에 갇히고 말았다.

"공사장같이 생겼어."

동준이가 주위를 둘러보며 말했다.

이번에 도착한 미로 동굴은 맨 처음 들어갔던 인디아나 존스 동굴과 모양이 비슷했다. 울퉁불퉁한 바위가 사방을 에워싸고 있었다. 그런데 바위문마다 이상한 장치들이 달려 있었다. 어떤 문에는 양동이가, 다른 문에는 시계가, 또 다른 문에는 움직이는 인형이 매달려 있었다.

"전에 영화에서 비슷한 걸 본 적 있어. 근데 영화에서는 잘못 건드리면 펑 그러면서 터지던데."

창식이가 말했다.

아이들은 일단 암호를 푸는 힌트가 있는지 찾아보기로 했다. 그때, 갑자기 위에서 우르르 소리가 나더니 축구공만 한 바위가 쿵 하고 떨어졌다. 다행히 모두 바위문 주위를 살펴보느라 구석에 있어서 다친 사람은 없었다.

"뭐야, 어디서 떨어진 거야?"

아이들은 바위가 굴러 온 위쪽을 쳐다보았다. 검은 그림자가 움직이는 듯했지만, 그것이 무엇인지 정확하게 알 수가 없었다. 더 이상 바위가 굴러 오는 소리도 들리지 않았다.

아이들은 다시 문을 열 단서가 있는지 이곳저곳을 살펴보았지만 아무것도 찾을 수 없었다. 이때, 다시 우르르 소리가 들리기 시작했다. 아이들은 동시에 위를 쳐다보았다. 덩치가 산만 한 거인이 미로 동굴 안으로 바윗돌을 굴리고 있었다. 아이들은 넋을 놓고 거인을 쳐다보았다.

"옆으로 피해!"

창식이가 소리쳤다.

"조심해. 그런데 바위가 떨어지는 시간이 정해져 있는 거 같지 않니?"

"그럼 시간을 재 보자. 슈슈! 지금 몇 시야?"

슈슈의 모니터에 오늘의 날짜와 시간을 알려 주는 숫자가 나타났다.

2020년 5월 13일 11시 40분 00초

"지금 시간은 11시 40분. 다음 바윗돌이 언제 떨어지는지 보자. 언제 바윗돌이 떨어질지 모르니까 너무 불안해."

아이들은 한쪽 구석에 웅크리고 앉아 한참을 기다렸다. 한참 후에 다시 우르르 소리와 함께 바윗돌이 떨어졌다. 이번에는 야구공만 한 바윗돌이었다. 아니, 돌멩이였다.

"시간 봐 봐, 몇 분이야?"

슈슈의 모니터에 '2020년 5월 13일 11시 40분 30초' 라고 나타났다.

"에계, 겨우 30초 지났단 말이야? 이상하네. 1분도 안 지났는데 30분은 기다린 거 같아."

"환상미로 동굴에서는 바깥보다 시간이 천천히 갈지도 몰라."

샛별이의 말에 아이들은 고개를 끄덕였다. 아이들은 슈슈 모니터에 숫자로 표시되는 시간을 시계 모양으로 바꾸기로 했다. 시계의 초침이 움직이는 것을 보면 다음번 바위가 굴러 떨어질 때까지 얼마나 남았는지 더 쉽게 알 수 있을 것 같았다.

✱ 시간을 계산할 수 있어요!

여러분은 1학년 때 이미 시계 보는 법을 배웠어요. 3학년 때는 시간 계산하기를 배워요. 실제 생활에서는 시계 보기 만큼 시간을 계산할 일이 많거든요. 지금부터 30분 동안 게임을 하면 몇 시에 공부를 시작해야 하는지, 2교시 끝나고 옆반 친구와 만나려면 얼마나 시간이 지나야 하는지, 모두 시간 계산을 해야 알 수 있어요.

★시간의 단위
초 : 시계의 초침이 작은 눈금 한 칸을 지나는 시간
분 : 분침이 작은 눈금 한 칸을 지나는 시간. 초침이 시계 한 바퀴를 도는 시간
  60초 = 1분
시 : 시침이 작은 눈금 한 칸을 지나는 시간. 분침이 시계 한 바퀴를 도는 시간
  60분 = 1시간

★시간과 시각의 차이
시각? 시간? 글자 모양은 비슷해 보이지만 의미는 분명히 달라요. 시각은 시계 바늘이 어느 한 시점을 가리키는 것을 말해요. '지금 시각은 12시입니다' 할 때처럼 말이에요. 시간은 어떤 시각에서 다른 시각까지의 사이를 말해요. 수업 시간은 60분. 수업을 시작한 시각부터 끝난 시각까지가 60분이라는 뜻이지요.

시각 : 어느 한 시점
시간 : 어떤 시각에서 다른 어떤 시각까지의 사이

★시간의 덧셈, 뺄셈

시간도 자연수처럼 덧셈과 뺄셈을 할 수 있어요. 시, 분, 초 단위에 맞춰서 덧셈이나 뺄셈을 하면 돼요. 더하거나 뺀 숫자가 60초, 60분이 넘으면 '분'이나 '시'로 바꿔 주면 돼요.

```
     1시    55분    38초
 +   2시    26분    45초
  ─────────────────────
     3시    81분    83초
            1분 ← 60초
  ─────────────────────
     3시    82분    23초
     1시 ← 60분
  ─────────────────────
     4시    22분    23초
```

★ 이것만은 기억해!

시각 + 시간 = 시각   특정 시점에서 얼마간 흘렀을 때
시간 + 시간 = 시간   국어 시간 50분 + 수학 시간 50분
시각 − 시간 = 시각   특정 시점에서 얼마 전
시각 − 시각 = 시간   특정 시점에서 또 다른 특정 시각 사이
시간 − 시간 = 시간   하루 수업 시간 150분 − 쉬는 시간 30분
　　　　　　　　　　　 = 공부한 시간 120분

아이들은 본격적으로 바위문의 비밀을 찾아보기로 했다. 우선 바위문에 매달려 있는 양동이와 인형이 무엇을 뜻하는지 알아야 했다.

"인형이 움직이는데? 지금은 첫 번째 칸에 있는데 옆으로 옮길 수 있는 거 같아. 첫 번째 칸에 1km라고 써 있어."

양동이를 살펴보던 창식이가 샛별이 쪽으로 걸어왔다.

"둘째 칸에는 1km 500m, 셋째 칸에는 2km라고 써 있네."

아이들은 인형 장치를 꼼꼼히 들여다보았다.

"혹시 인형이 위에 있는 거인을 나타내는 게 아닐까?"

샛별이가 인형을 보면서 말했다.

"맞다, 셋째 칸으로 옮겨 놓으면 2km까지 갔다 올 수 있을지도 몰라."

동준이가 맞장구를 쳤다.

"네 말이 맞는지 실험을 해 보자. 2km라고 쓰여진 곳까지 갔다 오는 데 30초니까, 1km 가는 데는 15초네. 2km를 간다면 갔다가 오는 거리가 두 배니까 4km. 15초씩 4번이면 60초. 모두 1분이 걸리는 거구나. 지금이 11시 41분이니까 42분에 도착하면 네 추리가 맞는 거겠다."

아이들은 인형을 2km라고 쓰여진 셋째 칸으로 옮겼다. 그러자 신기하게도 바위 덩어리는 1분 후에 떨어졌다. 대신 바위의 크기가 농구공만 해졌다.

"와, 네 말이 맞나 보다. 정말 1분 만에 다시 왔어. 그럼 우리가 넉넉하게 문제를 풀 수 있을 만큼 멀리 갔다 오게 만들면 되겠다."

아이들은 인형을 가장 멀리 보내기로 했다. 인형은 5km 500m까지 움직일 수 있다. 아이들은 하나씩 차근차근 계산해 나갔다.

가장 멀리 갈 수 있는 거리는 5km 500m.
돌아오는 거리까지 합하면 10km 1000m.
1000m는 1km니까 11km.
1km에 15초, 11km에는 165초.
1분에 60초씩이니까 165초는 2분 45초.

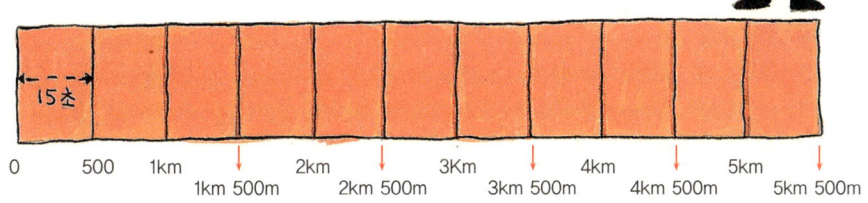

✽ 길이, 서로 다른 단위로 바꿀 수 있어요!

 길이는 이쪽 끝에서 저쪽 끝까지 도달한 거리를 말해요. 자의 길이, 친구 신발의 길이, 키의 길이.

 길이는 여러 가지 단위로 나타낼 수 있어요. 한 가지 방법으로 세상의 모든 거리를 나타낸다면 엄청 불편할 거예요. 굉장히 긴 길이를 나타내기 위해서는 아주 큰 숫자를 써야만 해요. 그래서 짧은 거리를 나타낼 때, 아주 먼 거리를 나타낼 때 다른 단위를 사용하는 거예요.

 우리가 가장 많이 본 길이 단위는 cm예요. 필통 속에 들어 있는 자의 눈금 표시 말이에요. 1cm를 10등분하면 1mm, 1cm를 100개 합치면 1m가 돼요.

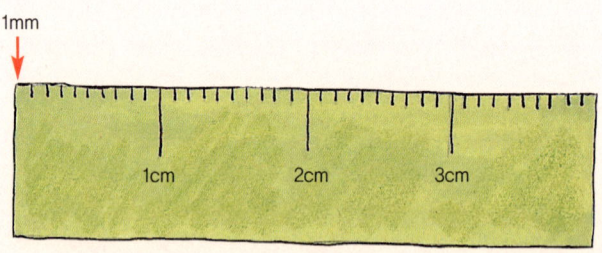

1cm = 10mm, 1센티미터는 10밀리미터

1m = 100cm, 1미터는 100센티미터

1km = 1000m, 1킬로미터는 1000미터

★ 길이를 더하고 뺄 수 있어요

창식이가 문방구에 들렀다가 학교에 갔어요. 그럼 창식이가 학교까지 걸어간 길이는 얼마일까요? 집에서 문방구까지 걸어간 길이에 문방구에서 학교까지 걸어간 길이를 더하면 되겠죠. 같은 단위의 거리를 더하거나 뺄 때는 덧셈이나 뺄셈을 마친 후 올바른 단위로 정리해 주면 돼요.

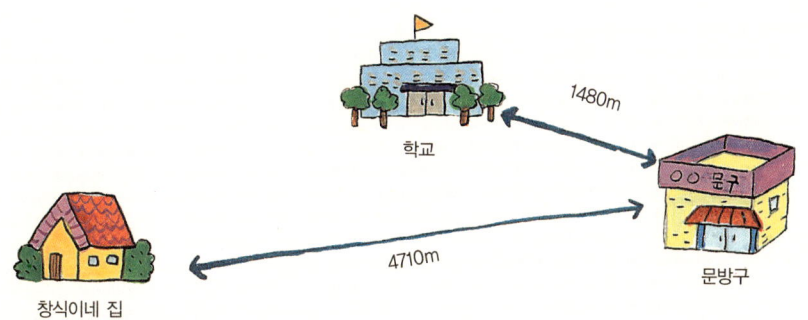

1480m + 4710m = 6190m
= 6000m + 190m
= 6km + 190m

★ 이것만은 기억해!

단위가 다른 길이가 섞여 있을 때
첫째, 같은 단위의 길이끼리 먼저 더하거나 빼준다.
둘째, 빼기를 할 때 낮은 단위에서 뺄 수 없다면 받아내려서 계산한다.
(1km를 받아내리면 1000m)
셋째, 낮은 단위의 길이 값이 커지면 높은 단위로 바꾸어 준다.

```
     3    (1km를 내려서 1100m)
  4km 100m
- 2km 400m
―――――――――
  1km 700m
```

"2분 45초 동안은 바윗돌이 안 떨어지겠네? 빨리 서둘러야겠다."

아이들은 양동이가 달린 바위문 앞으로 달려갔다.

"으흠. 난 이거 어떻게 여는지 알 것 같아."

샛별이가 양동이가 매달려 있는 문 앞에서 의미심장하게 말했다.

"어떻게? 어떻게?"

아이들이 샛별이를 재촉했다.

"잘 봐 봐. 이 문에 빈 양동이가 매달려 있잖아. 그런데 만약 양동이가 가득 차서 무거우면 어떻게 될까?"

"양동이가 아래로 내려오겠지."

동준이가 대답했다.

"맞았어. 양동이하고 문이 한 줄로 연결되어 있으니까 양동이가 내려오면 문은 올라갈 거야."

"그래. 샛별이 말이 맞아. 그럼 양동이에 뭘 넣어서 무겁게 만들지?"

아이들은 양동이에 넣을 무거운 물건을 찾아보기로 했다.

"창식아, 너는 안 찾고 뭐해?"

바위문만 뚫어지게 쳐다보고 있는 창식이를 보고 샛별이가 소리쳤다.

"가만 있어 봐. 문에 이름표가 붙어 있어. 5.2kg. 아마 이게 이 바위문의 무게인 것 같아."

아이들은 5.2kg이 얼마큼 무거운지 잘 상상이 되지 않았다. 아이들은 일단 주위에 흩어져 있는 돌들을 바위문 앞으로 모았다. 동준이는 한꺼번에 여러 개를 옮기면 더 빨리 채울 수 있을 거라 생각했다. 그래서 한 개, 두 개, 세 개…… 욕심껏 돌을 움켜 안았다. 하지만 몇 발자국 움직이지 못하고 들고 있던 돌들을 우르르 쏟고 말았다.

"으이구."

동준이를 보며 눈을 살짝 흘기던 샛별이는 바위 밑에서 이상한 것을 발견했다.

"얘들아, 이리 와 봐. 돌에 무게가 써 있는데?"

5.2kg를 어떻게 맞출까 걱정하던 아이들의 얼굴이 환해졌다.

"이건 1kg."

"이건 3kg."

"이 돌은 크기가 작은데도 숫자가 크네? 500g."

"500g이 뭐가 커. 500g 두 개가 모여야 1kg인데."

"아, 그런가."

동준이가 머리를 긁적였다.

"3kg 한 개, 1kg 한 개, 500g 두 개, 200g 한 개. 이렇게 맞추면 되겠다.

3kg + 1kg + 500g + 500g + 200g = 5.2kg"

창식이가 돌들을 늘어놓으며 무게를 맞춰 나갔다.

"그런데 이 양동이에 3kg짜리 돌멩이가 들어가지 않아."

그래서 아이들은 3kg짜리 돌멩이 대신 작은 돌멩이들을 양동이에 담아 보았지만 도무지 5.2kg가 채워지지 않았다.

✼ 무게를 계산해요!

어떤 물체가 얼마나 무거운지 숫자로 나타낸 값을 무게라고 해요. 무게를 나타낼 때 기준 값을 단위라고 하는데, 단위를 이용해 무게 값을 나타내 주고 또 계산을 할 수 있어요.

★무게 어림하기
서로 다른 물건의 무게를 비교할 때는 양팔 저울을 이용해요. 양팔 저울의 양쪽에 물건을 올렸을 때 밑으로 내려가는 쪽의 물건이 더 무거워요. 물건의 무게가 얼마인지 저울을 이용할 수 없을 때는 비슷하게 어림해 볼 수 있어요. 어림한 무게와 저울로 잰 무게를 비교해 봐요.

★킬로그램과 그램
1kg = 1000g

무거운 물건을 잴 때는 kg, 가벼운 물건을 잴 때는 g으로 무게를 나타내요.

★무게의 합과 차
같은 단위끼리 먼저 더하거나 빼 줘요. 더한 값이 1000g이 넘으면 1kg으로 올려 줘요. 뺄 값이 모자랄 때는 위에서 내려받아요. 1kg을 내려받아 1000g으로 바꿔서 빼 주면 돼요.

2kg 300g - 1kg 600g

  2kg 300g (1000g으로 내려받아 1300g으로 계산해요)
- 1kg 600g
―――――――
       700g

아이들은 동굴 속을 다시 한 번 둘러보기로 했다. 돌멩이가 아닌 다른 것으로 양동이를 채워야 하니까.

"맞다! 아까 구석에 보니까 커다란 물통이 있던데."

"물은 바위보다 가볍잖아. 돌멩이로도 못 채우는데 물로 어떻게 5.2kg을 채우냐고."

동준이가 울먹이는 목소리로 말했다.

"물도 생각보다 무거워. 전에 생수병 큰 거 들어보니까 엄청 무거웠어."

창식이가 동준이를 달래며 말했다.

"어? 물바가치에 뭐라고 써 있는데? 1.5L?"

물통 안에서 바가지를 발견한 샛별이가 바가지를 들여다보며 말했다.

"물바가지 용량이 1.5리터라는 말인가 보다. 그런데 1.5L가 몇 kg인지 모르잖아."

"대충 어림잡아 봐. 바위를 들어서 1.5L 물이랑 비슷한 무게를 가늠할 수 있잖아."

"이거랑 무게가 비슷한 것 같아."

동준이가 2kg짜리 바위를 들고 왔다. 아이들은 물바가지에 물을 가득 담아서 들어 보았다.

"잘 모르겠는데? 난 이 바위가 조금 더 무거운 것 같아."

"난 이 물바가지가 더 무거운 거 같아."

창식이와 샛별이는 물바가지와 바위를 번갈아 들어가며 서로 자기 말이 맞다고 우겼다. 아이들은 일단 물바가지의 물이 2kg 정도 된다고 가정하고, 물 세 바가지를 양동이에 부었다. 하지만 바위는 꿈쩍도 하지 않았다.

"거 봐. 바위가 더 무겁다고 했잖아."

샛별이가 창식이를 보며 아는 체를 했다.

"잠깐만. 전에 우리 농구 선생님이 집에 아령이 없으면 작은 생수병으로 운동하라고 하셨었는데. 생수 500ml의 무게와 0.5kg짜리 아령의 무게가 비슷하다고."

동준이가 무릎을 치며 말했다.

"그럼 1.5L는 어림잡아서 1.5kg이랑 비슷하다는 거네."

아이들은 물통에 있는 물을 양동이에 옮겨 담았다.

"5.2kg보다 많아야 하니까, 1.5L씩 두 번이면 3L, 세 번이면 4.5L네. 그럼 네 번 정도 담으면 되겠다."

아이들은 바가지의 물을 흘리지 않도록 조심조심 걸었다.

한 번 1.5L, 두 번 3L, 세 번 4.5L, 네 번 6L

네 번째 물을 붓자 바위문이 스르륵 위로 올라가기 시작했다.

"야호, 드디어 열렸다."

아이들은 서둘러 미로 동굴을 빠져 나왔다.

"잠깐만."

동준이는 재빨리 동굴 안으로 도로 들어갔다 나왔다. 손에는 바가지가 들려 있었다.

"왜, 뭐하려구?"

"혹시 알아? 또 필요한 일이 생길지."

"하하하. 철저하기도 하시지."

아이들은 이제 동굴 밖으로 탈출할 시간이 얼마 남지 않았다는 것을 느꼈다.

✱ 들이를 알고 계산해요!

★모양에 따라 들이가 달라요

모양이 다른 그릇에 들어가는 양을 비교해 볼 수 있어요. 모양이 다를 경우, 어디에 얼마큼 더 들어 있는지 정확히 알 수 없어요. 그럴 때는 똑같은 모양의 그릇에 옮겨 담아 비교할 수 있어요.

정확하게 들이를 알 수 없을 때는 '얼마 정도 되겠다' 라고 추측할 수 있어요. 이렇게 추측하는 걸 어림한다고 해요.

★리터와 밀리리터

들이의 단위예요. 1리터는 1000밀리리터와 같아요.

1L = 1000ml

1리터는 1000밀리리터

3900mL = 3L 900ml

★들이의 합과 차

시간이나 길이처럼 들이를 계산할 때도 같은 단위끼리 먼저 더해 주거나 빼 주어야 해요. 더한 값이 1000ml가 넘을 때는 1L로, 내림을 할 때는 1L를 1000ml로 바꾸어 주면 돼요.

```
    3L  300ml
+   2L  200ml
─────────────
    5L  500ml
```

창식이와 함께 하는 복습 시간

생활 속 단위 꼼꼼 체크!

♥ 시간도 더하고 빼고

시간과 시각의 차이
시각? 시간? 글자 모양은 비슷해 보이지만 의미는 분명히 달라. 시각은 어느 한 시점을 시곗바늘이 가리키는 때를 말해. 하지만 시간은 어떤 시각에서 다른 어떤 시각까지의 사이를 말하는 거야.

시각 : 어느 한 시점. 지금 시각은 4시 27분이야.
시간 : 어떤 시각에서 어떤 시각까지의 사이. 수업 시간은 60분이야.

시간의 단위
60초 : 초침이 한 칸 가는 시간
1분 = 60초 : 초침이 시계를 한 바퀴 도는 시간
1시간 = 60분 : 분침이 시계를 한 바퀴 도는 시간

시간의 덧셈, 뺄셈
시간도 다른 숫자처럼 덧셈과 뺄셈을 할 수 있어. 곱셈이나 나눗셈의 세로 식에서 자리를 맞춰 봤지? 시간을 계산할 때도 시, 분, 초 단위끼리 맞춰서 덧셈이나 뺄셈을 하면 되는 거야.

```
    1시   55분   38초
+   2시   26분   45초
─────────────────────
    3시   81분   83초  ← 83초 중 60초는 1분으로 바꾸어 위로 올림
         1분
─────────────────────
    3시   82분   23초
    1시 ← 82분 중 60분은 1시간으로 바꾸어 위로 올림
─────────────────────
    4시   22분   23초
```

♥ 거리를 잴 때는 cm, m, km

거리의 단위

길이는 이쪽 끝에서 저쪽 끝까지 도달한 거리를 말해. 거리가 얼마나 먼가에 따라 거리를 나타내는 단위가 조금씩 달라. 만약, 한 가지 단위로 세상의 모든 거리를 나타낸다면 엄청 불편할 거야. 굉장히 긴 길이를 나타내려면 아주 큰 숫자를 써야만 하니까.

거리를 나타낼 때는 센티미터(cm), 미터(m), 킬로미터(km) 같은 단위를 써. 자의 눈금에 써 있는 단위가 바로 cm야. 1cm는 손톱 하나 정도의 거리야. 이 cm를 10개로 나눴을 때 작은 한 개가 1mm가 되고, 1cm를 100개 합치면 1m가 된단다.

1cm = 10mm,   1센티미터는 10밀리미터
1m = 100cm,   1미터는 100센티미터
1km = 1000m, 1킬로미터는 1000미터

길이를 더하고 빼고

동네 한 바퀴를 돌고, 다시 동네 반 바퀴를 돌았어. 그 거리를 알 수 있을까? 거리도 숫자의 덧셈, 뺄셈처럼 더하거나 빼면 돼.

우선 같은 단위끼리 먼저 더하거나 빼자. 빼기를 할 때, 낮은 단위에서 뺄 수 없으면 받아내려서 계산하면 돼. 받아내릴 때는 위에서 배운 단위를 잘 기억해야 해. 덧셈을 할 때 낮은 단위의 길이 값이 커지면 높은 단위로 바꿔 줘야 하거든.

m에 1km를 꾸어 주었으므로 3km가 된다. → 3km 1100m ← 100m로 400m를 뺄 수 없으므로 옆의 4km에서 1km를 내려받아서 1100m로 만든다.

$$\begin{array}{r} 3km\ 1100m \\ 4km\ 100m \\ -\ 2km\ 400m \\ \hline 1km\ 700m \end{array}$$

♥ 무게를 잴 때는 g, kg

무게의 단위

무게를 잴 때는 그램(g)과 킬로그램(kg)이라는 단위를 쓰면 돼. 무거운 물건을 잴 때는 kg, 가벼운 물건은 g으로 써야 해. 1kg은 1g짜리 1000개가 모여야 같은 무게가 돼. 1킬로그램은 1000그램과 같아.

1kg이 넘는 무게는 어떻게 표시할까? 커다란 돌멩이가 하나 있어. 이 돌멩이는 1kg보다 450g이나 더 무거워. 이때는 kg과 g를 함께 표시해 주면 되는 거야.

1kg + 450g = 1kg 450g, 1킬로그램 450그램.

무게의 합과 차

같은 단위끼리 먼저 더하거나 빼 주면 돼. 더한 값이 1000g이 넘으면 1kg으로 올려 주고, 뺄 값이 모자라면 위에서 내려받고. 시간, 길이, 무게 모두 덧셈, 뺄셈 방법이 같아.

```
              1kg
+ 2kg  500g   ⁻2kg  300g  → 1000g+300g
  1kg  600g    1kg  600g    =1300g
  ─────────   ─────────
  3kg 1100g         700g
     1kg ← 1000g
  ─────────
  4kg  100g
```

💙 들이를 잴 때는 L, ml

들이의 단위

　물이나 우유처럼 담기는 그릇에 따라 모양이 바뀌는 경우, 크기나 무게를 정확하게 알 수가 없어. 그래서 정해진 크기의 통에 담아서 그 통의 크기를 재는데, 그걸 들이라고 해. 들이를 잴 때는 리터(L), 밀리리터(ml) 같은 단위를 쓰면 돼. 우유 1곽은 200ml, 작은 생수 1병은 500ml처럼.

　1리터는 1000밀리리터와 같아.

　쓸 때는 1L = 1000ml

　읽을 때는 1리터는 천 밀리리터 라고 읽으면 돼.

들이의 합과 차

　시간이나 길이처럼 들이를 계산할 때도 같은 단위끼리 먼저 더하거나 빼 주어야 해. 더한 값이 1000ml가 넘을 때는 1L로, 내림을 할 때는 1L를 1000ml로 바꾸어 주면 되고.

```
                              1000ml+200ml
                        2L      =1200ml
  3L  800ml            3L  200ml
+ 2L  100ml          ⁻ 1L  300ml
  ─────────            ─────────
  5L  900ml            1L  900ml
```

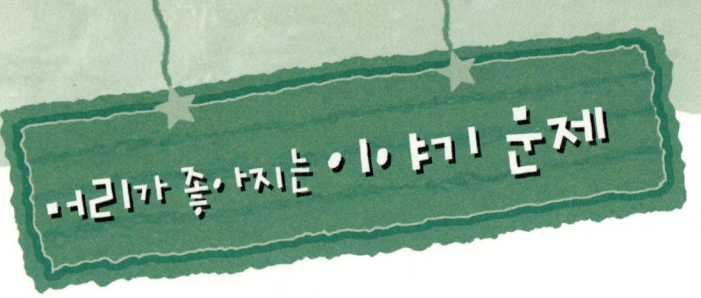

도전! 나도 백 점

♥ 동준아! 학교 가자!

창식이는 오늘 동준이와 함께 학교에 가려고 해요. 창식이네 집은 동준이네 집과 학교 사이에 있어요. 그래서 동준이네 집에 가려면 학교 가는 길과 반대 방향으로 가야 해요.

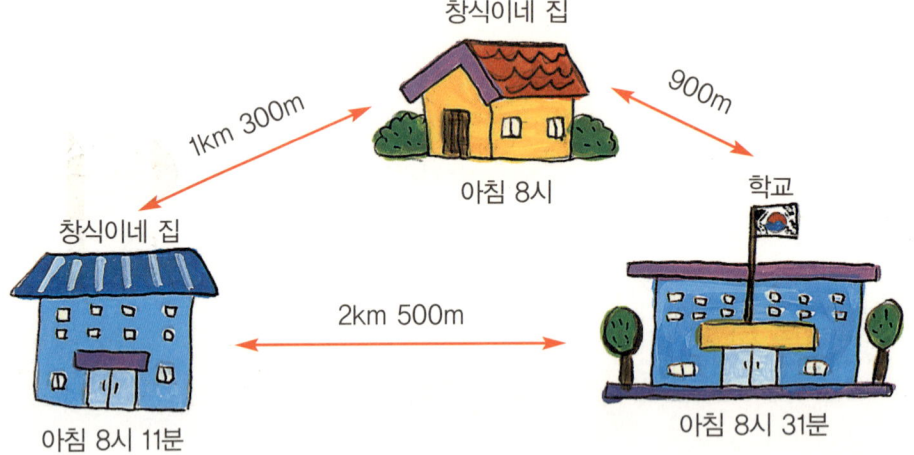

1. 창식이가 집에서 출발하여 동준이네 집을 들러 학교까지 걸어간 길이는 얼마인가요?

2. 창식이가 집에서 출발하여 동준이네 집을 들러 학교까지 걸어가는 데 얼마의 시간이 걸렸나요?

3. 동준이네 집을 거쳐 학교로 간 거리는 창식이네 집에서 학교로 바로 간 길이보다 얼마나 먼가요?

♥ 가방은 무거워!

창식이는 주말에 형과 함께 뒷산에 올라갈 계획이에요. 각자 먹을 물과 간식을 담은 가방을 하나씩 메고 가야 해요. 창식이는 500g짜리 물통과 100g짜리 사과 2개, 초콜릿 300g을 가방에 담았어요. 형은 가방이 무겁다며 사과 한 개와 초콜릿을 담지 않았어요. 창식이는 산에 올라가서 가방 속에 든 것을 몽땅 먹어야겠다고 생각했어요. 무거운 가방은 정말 싫거든요. 엄마가 두 사람 모두 똑같은 것으로 사 주신 가방의 무게는 200g이에요.

창식이의 가방   형의 가방

4. 형의 가방에 든 물건의 무게는 얼마일까요?

5. 창식이의 가방은 형의 가방보다 얼만큼 더 무거울까요?

6. 창식이가 멘 가방의 무게는 얼마일까요?

♥ 목이 말라

체육 시간이 끝났어요. 달리기를 했더니 목이 너무 말라요. 아이들은 물을 마시기 위해 주전자 앞에 줄을 섰어요. 2L 들이 주전자에 물이 가득 차 있어요. 아이들은 200ml 컵에 물을 따라 마셨어요. 세 명의 친구가 한 컵씩 물을 마셨어요.

7. 아이들이 마신 물은 몇 ml일까요?

8. 창식이가 주전자를 받았을 때, 그 주전자에는 몇 ml의 물이 들어 있었을까요?

> 정답
>
> 1. 1km 300m + 2km 500m = 3km 800m 2. 11분 + 20분 = 31분 3. 3km 800m − 900m = 2km 900m 4. 500g + 100g =600g 5. 100g + 300g = 400g 6. 500g + 200g + 300g + 200g = 1200g (1kg 200g) 7. 200ml + 200ml + 200ml = 600ml 8. 2L−600ml = 2000ml − 600ml = 1400ml = 1L 400ml

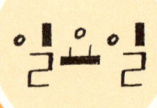

보기도 쉽게! 풀기도 쉽게! 그래프를 배워요

공부할 내용

- 보기 쉽게 자료를 정리할 수 있어요.
- 막대 그래프, 그림 그래프를 알아요.
- 알맞은 그래프로 나타낼 수 있어요.
- 규칙을 찾을 수 있어요.

교과서 찾아보기

3학년 2학기

7단원 자료 정리
1. 막대그래프
2. 막대그래프 그리기
3. 그림그래프
4. 그림그래프 그리기
5. 알맞은 그래프로 나타내기

8단원 규칙 찾기와 문제 해결
1. 규칙을 정해 무늬 꾸미기
2. 규칙을 찾아 문제 해결
3. 표를 만들어서 문제 해결
4. 예상과 확인으로 문제 해결

창식이와 함께 하는 예습 시간

내가 1등이야!

막대 그래프로 표현하면 쉽게 내용을 비교할 수 있어요.

지도를 찾아라!

"벌써 12시야. 이제 20분밖에 시간이 없어."

창식이는 슈슈의 모니터를 연신 쳐다보았다. 아이들은 걱정스러웠다. 자유시간은 2시간 20분. 12시 20분까지 출구에 도착해야 한다.

아이들은 서둘러 새 미로 동굴로 들어갔다. 반드시 나가는 문이랑 연결된 미로 동굴이 있을 것이다.

"이 미로는 조금 새로운걸."

눈이 휘둥그레진 창식이가 모니터 앞으로 걸어가며 말했다. 미로 동굴 안은 책에서 봤던 우주선 모양이었다. 동굴의 한 벽면에는 아주 커다란 유리가 달려 있고, 그 앞에는 무엇인가를 작동시키는 여러 개의 버튼들이 잔뜩 있었다.

유리 벽면은 고장 난 모니터처럼 새까매서, 다른 유리창처럼 반대쪽이 보이지도 않았다. 아이들은 유리 벽면 앞에 있는 버튼을 아무거나 열심히 눌러 봤다. 하지만 유리 벽면은 꿈쩍도 하지 않았다.

샛별이는 분명히 유리 벽면을 통해 무엇인가를 볼 수 있을 것 같았다.

'유리 벽면에 뭔가 나오게 만드는 버튼이 있을 텐데. 도대체 그게 뭘까?'

아이들은 유리 벽면 앞에 서서 아래쪽을 뚫어지게 보았다. 운전대, 기어 넣는 기계, 계기판, 온도계, 빨강 파랑 버튼, 숫자판. 여러 가지가 많았지만 무엇을 뜻하는지 알 수가 없었다.

이것저것 눌러 보던 동준이가 숫자판을 보고 깔깔거렸다.

"하하하. 첫날이 30일이야. 이상한 나라의 달력인가 보네."

동준이가 말하는 것을 듣고 샛별이와 창식이는 무엇을 놓쳤는지 금방 알아차렸다.

"그래. 숫자판은 바로 달력이었어. 뒤죽박죽 달력."

"2020년 12월 달력으로 맞춰야 하는 거 같지?"

창식이가 샛별이를 보며 말했다. 아이들은 문제를 찾아내는 능력이 조금씩 나아지는 것을 느꼈다.

"오늘이 2020년 5월 13일 수요일이니까, 2020년 12월 1일은 화요일이네. 그럼 12월 8일은 또 화요일."

"어쭈. 대단한데? 어떻게 금방 안 거야?"

동준이가 샛별이를 보며 조금은 부러운 듯 대답을 재촉했다.

"일주일은 7일이잖아. 5월 31일까지 18일 남았지.

6월은 30일, 7월은 31일, 8월은 31일, 9월은 30일, 10월은 31일, 11월은 30일.

그럼, 모두 201일.

일주일은 7일이니까 7로 나눠 주면 나머지가 5.

목요일, 금요일, 토요일, 일요일, 월요일.

그러니까 11월 30일은 월요일이 되는 거야.

12월 1일은 월요일 다음 날이니까 화요일이 되잖아.

8일은 1일에서 일주일 지나야 하는 거니까 1일과 똑같이 화요일."

"그럼 1일부터 요일에 맞춰서 날짜를 옮겨 보자."

아이들이 숫자판의 숫자들을 요일에 맞추어 모두 제자리에 끼워 넣자 드디어 화면이 '치' 소리를 내며 작동하기 시작했다.

"어? 화면에 뭔가 나타났다."

대형 모니터로 변한 유리 벽면은 환하게 글자와 그림을 보여 주었다. 그러더니 화면 중앙에 상자가 나타나 척척 움직이기 시작했다. 계속 새로운 상자가 나타났고, 로봇들이 상자 쌓기 놀이를 하는 것처럼 하나씩 둘씩 모양을 만들기 시작했다.

서너 개의 상자 탑이 만들어지자 갑자기 화면이 '삐' 소리를 내며 멈췄다. 그런 다음 상자들은 양쪽으로 갈라져 가운데가 빈 공간이 되었다. 그때 멀리서 글자가 점점 커지며 날아왔다.

암호를 입력하시오.

"숫자판이 암호인 줄 알았더니 모니터 켜는 버튼이었나 봐."

창식이가 유리 벽면을 보며 말했다.

동준이는 투덜거리며 쌓여 있는 상자 무더기를 세기 시작했다.

"한 개, 세 개, 열 개, 열다섯 개. 쳇, 이게 뭐야!"

"얘들아, 그림이 좀 이상해 보이지 않니? 다음 그림으로 변할 때마다 상자가 한 줄씩 늘어나고 있어."

"그러게. 맨 마지막 줄까지 순서대로 늘어나. 첫 번째 나무 상자 탑은 한 개, 두 번째는 두 개, 네 번째는 네 개, 다섯 번째는 다섯 개."

"내가 해 볼게. 이 그림은 세 번째니까, 나무 상자는 세 줄이고 맨 아래 줄이…….''

동준이가 답을 찾기 시작했다. 그때, 갑자기 화면이 빨간색으로 변하면서 깜박이기 시작했다.

암호를 입력하지 않으면 화면을 종료하도록 하겠습니다.

"와! 유리벽이 말도 하네?"

"유리벽 신경 쓰지 말고 빨리 해."

"그래, 알았어. 맨 아래쪽에 세 개, 그럼 그 위 칸은 두 개, 맨 위는 한 개. 모두 여섯 개네."

아이들은 재빨리 화면에 나무 상자 그림을 채워 넣었다.

'드디어 유리벽이 뭔가 말을 해 주겠구나.'

'제발…….'

아이들은 침을 꼴깍 삼키며 유리벽을 뚫어지게 쳐다보았다.

마침내 유리벽에 새로운 그림이 나타나기 시작했다. 25개의 상자가 연결된 그림. 그림의 맨 왼쪽 상자에는 1000이라고 적혀 있었다.

"창식아, 선생님이 여기에 몇 개의 미로 동굴이 있다고 했지?"

"스물다섯 개."

"그렇지? 그리고 선생님이랑 같이 들어갔던 상어 이빨 동굴 이름 기억나?"

"기억나! 기억나! 1000!"

"그럼 이건?"

아이들은 서로 얼굴을 쳐다보며 동시에 소리쳤다.

"지도?"

"앗싸~"

아이들은 서로 얼싸안고 팔짝팔짝 뛰었다.

✽ 규칙 찾기

내용이 반복되는 문제는 규칙을 찾아서 풀면 쉬워요.
- 반복되는 내용은 무엇일까?
- 얼마나 많이 보이는 거지?
- 어떤 방향으로 변했을까?
- 어떻게 바뀌고 있지?

✽ 달력 규칙 찾기

달력에는 많은 규칙이 숨어 있어요. 규칙만 알면 달력이 없어도 몇 달 후 날짜의 요일을 알 수 있어요.

1. 일주일은 7일. 7일마다 요일이 반복돼요.

2. 1 - 8 - 15 - 22 - 29   2 - 9 - 16 - 23 - 30
   3 - 10 - 17 - 24 - 31   4 - 11 - 18 - 25
   5 - 12 - 19 - 26   6 - 13 - 20 - 27
   7 - 14 - 21 - 28

   7일씩 차이 나는 이 날짜들은 같은 달에서 모두 같은 요일이에요.

3. 몇 월에 몇 일까지 있는지 알면 계산이 쉬워져요.

1월 - 31일	2월 - 28일	3월 - 31일	4월 - 30일,
5월 - 31일	6월 - 30일	7월 - 31일	8월 - 31일,
9월 - 30일	10월 - 31일	11월 - 30일	12월 - 31일

4. 요일을 계산할 때 기준 날 다음부터 센 후 7로 나눠 줘요. 나머지는 기준 다음 날 요일부터 나머지 1로 계산하면 돼요.

어서 오십시오. 이동할 미로 동굴의 번호를 입력해 주시기 바랍니다.

아이들은 유리벽의 목소리에 깜짝 놀라 다시 유리벽 앞으로 달려왔다.

"어디가 나가는 미로 동굴일까?"

"1000이 제일 작은 숫자네. 제일 작은 숫자가 들어가는 미로 동굴이었으니까, 제일 큰 숫자가 나가는 문일 거야."

"그래. 미로 방 번호 중에서 제일 큰 숫자를 넣어 보자."

아이들은 조심스럽게 '10000'을 눌렀다.

아이들은 펑 소리와 함께 드디어 미로 동굴을 빠져나왔다.

"19분이야. 빨리 뛰어!"

아이들은 서로 손을 꼭 잡고 전속력으로 10000 미로 동굴을 향해 뛰기 시작했다.

시끌벅적한 친구들의 목소리가 들리자 아이들은 '휴' 하고 안도의 숨을 쉬었다. 아이들은 이 놀이 공원의 이름이 왜 '환상미로 공원'인지 이제야 알 것 같았다.

멀리서 아이들을 발견한 선생님이 아이들 쪽으로 다가왔다.

"너희들 도대체 어디 있었니? 지도도 안 가져가서 길 잃은 줄 알고 걱정했잖아."

'이제 선생님께 혼나겠구나' 생각하며 아이들은 고개를 떨구었다.

"죄송해요. 제가 선생님 말씀 안 듣고 미니 로봇을 가져오는 바람에……."

창식이는 얼른 앞에 나서서 선생님께 설명했다. 선생님께 대표로 나가서 혼나야겠다고 생각했기 때문이다. 다행히 선생님께서는 걱정했다는 말씀 외에 아무 말씀도 안 하셨다. 창식이는 괜히 자신 때문에 고생한 샛별이와 동준이에게 미안한 마음이 들었다.

선생님은 반 아이들이 모두 무사히 도착했는지 모둠을 둘러보셨다. 이제 어느 모둠이 보물을 제일 많이 찾았는지 비교해 볼 시간이다. 아이들은 저마다 주머니 속에서 주섬주섬 무엇인가를 꺼내 놓기 시작했다.

"그럼 이제 모둠별로 보물찾기에서 무엇을 발견했는지 살펴볼까요?"

선생님은 처음부터 숨겨진 보물이 무엇인지 가르쳐 주지 않으셨다. 때문에 아이들은 저마다 보물이라고 생각되는 것을 집어 왔다. 어떤 아이는 빨간 돌멩이를 가져왔고, 또 다른 아이는 투명 유리 조각을 가져오기도 했다. 선생님은 아이들이 가져온 보물들을 훑어보시곤 방긋 웃으셨다.

"모두 예쁜 보물들을 찾아왔네요. 각자 찾아온 보물은 오늘 환상미로 공원에 다녀간 기념으로 잘 간직하세요. 선생님이 숨겨 놓았던 보물은 탐험 장비였어요."

선생님의 설명이 끝나자 아이들이 웅성거렸다.

"거봐, 내가 그런 거 같다고 했잖아."

"무겁다고 안 들고 온 사람은 너였거든?"

탐험 장비를 가져오지 못한 모둠 친구들이 서로 티격거렸다.

선생님은 모둠별로 찾아온 보물의 개수를 세기 시작했다. 친구들이 좀 더 쉽게 구별할 수 있도록 막대 그래프를 그려 주셨다. 보물찾기가 어려웠나 보다. 민기네 모둠과 창식이네 모둠을 제외한 다른 모둠에서는 보물을 하나도 찾지 못했다. 민기와 창식이의 주머니에서 보물이 하나씩 나올 때마다 박수가 쏟아졌다. 마지막으로 동준이가 주머니에서 바가지를 꺼내자 반 친구들은 배를 잡고 웃었다.

"물을 떠먹을 때 쓸 수 있는데……."

머쓱해진 동준이는 얼른 바가지를 뒤로 감추었다.

"이제 더 찾은 보물 없나요?"

대답이 없자 선생님은 무엇인가를 가만히 들어 보이셨다. 바로 미로 동굴의 지도였다.

"어느 지역을 탐험하든 가장 중요한 것은 그 지역에 대한 기초 정보예요. 그래야 안전하게 그곳을 잘 여행할 수 있겠죠. 지도를 받아가지 않은 창식이네 모둠을 제외하고 모든 모둠에 보물 하나씩 추가."

아이들이 와 소리쳤다. 민기네 모둠의 막대 그래프는 3, 창식이네 모둠의 막대 그래프는 2, 나머지 모둠의 막대 그래프는 1을 나타내고 있었다.

✱ 그래프를 알아요!

★ 표와 그래프는 달라요

표는 알고자 하는 내용을 항목별로 순서에 맞게 보기 편하도록 정리한 것을 말해요.

모둠별로 모아 온 보물들을 표로 정리해 볼까요?

모둠	1모둠	2모둠	3모둠	민기네	창식이네
보물 개수	1	1	1	3	2

그래프는 조사한 내용의 많고 적음을 잘 알 수 있도록 그림으로 나타낸 거예요. 막대로 나타내면 막대 그래프, 그림으로 그리면 그림 그래프라고 해요.

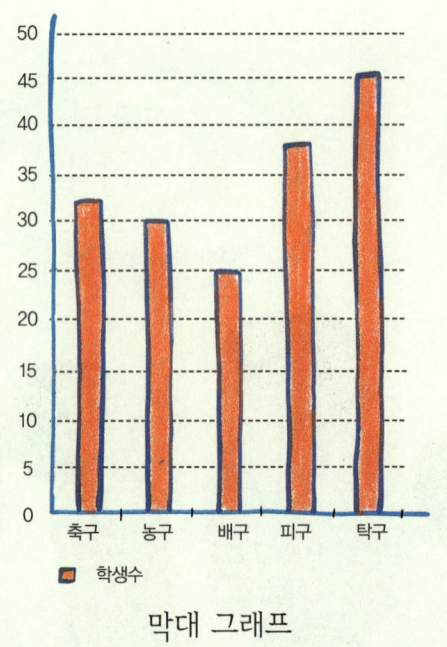

막대 그래프

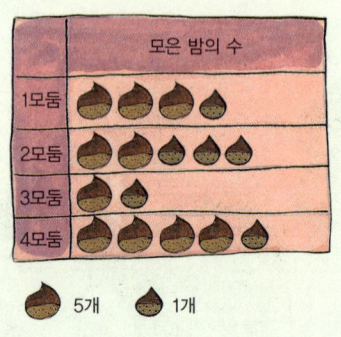

그림 그래프

★ 그래프 그리기

막대 그래프와 그림 그래프는 보여 줄 내용이 다르기 때문에 그리는 방법도 달라요. 막대 그래프는 가로와 세로 중 한쪽에 조사한 숫자를 표현하고, 다른 쪽에 나타낼 항목을 써 주면 돼요. 막대 그래프를 정확하게 나타내려면, 가장 큰 수까지 나타낼 수 있도록 눈금을 그려 주면 돼요.

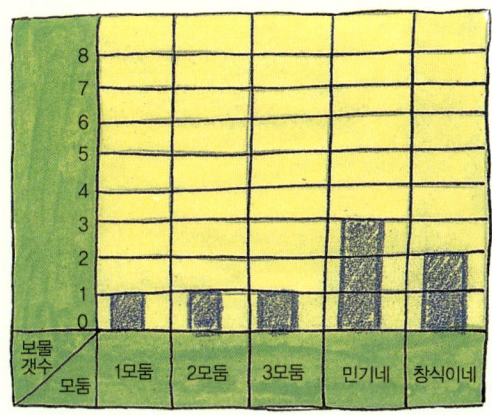

가로에 나타낼 항목을, 세로에 조사한 숫자를 표현했어요.

그림 그래프는 몇 개의 그림을 사용할지 결정해야 해요. 그림은 다양한 항목을 그리는 것이 아니에요. 항목은 하나만 정하고, 대신 크기를 비교할 수 있는 그림을 여러 개 그리면 되는 거예요. 10개를 뜻하는 그림, 1개를 뜻하는 그림 이렇게 나눠서 말이죠. 그림 그래프 역시 가로와 세로 중 한쪽에 비교할 그룹을 나타내고 비교 그룹 란에 항목의 크기를 그림으로 나타내 주면 예쁜 그림 그래프가 완성돼요.

10그루를 의미하는 큰 나무와 1그루를 의미하는 작은 나무, 두 개의 그림을 이용했어요.

★ 어떤 그래프가 알맞을까요?

막대 그래프는 항목들의 많고 적음을 금방 비교할 수 있어요. 모둠별 보물 개수는 그림 그래프보다 막대 그래프로 그리는 것이 내용을 빨리 그리고 정확하게 알 수 있어요.

그리고 한 가지 항목에 대해 그룹간의 차이를 금방 비교할 수 있어요. 어느 반에 학생 수가 많은지, 어느 학교에 나무 수가 많은지 한눈에 알아볼 수 있어요.

"환상 미로 공원은 재미있었나요?"

선생님이 환하게 물으시자,

"생각보다 길이 너무 쉬웠어요."

"미진이는 중간에 길 잃어버려서 울었대요!"

여기저기서 다른 모둠 친구들이 대답을 했다.

창식이와 샛별이, 동준이는 서로 눈을 찡긋하며 큰 소리로 대답했다.

"네, 재미있었어요."

아이들은 보물찾기에서 1등을 놓쳐 아쉬웠지만 그래도 좋았다. 무사히 돌아왔으니까. 창식이는 환상미로 공원에서 경험한 것들이 오랫동안 마음속에서 지워지지 않을 것 같았다.

창식이와 함께 하는 복습 시간

달력 규칙 찾기와 그래프 그리기

♥ 달력 규칙 찾기

규칙을 알면 쉽게 문제를 풀 수 있어. 얼마나 자주, 어떤 내용이 보이는지 알아내면 순서대로 규칙에 맞추어 답을 찾아낼 수 있으니까. 특히 달력은 규칙만 알면 석 달 후 금요일은 며칠인지, 올해의 크리스마스는 무슨 요일인지 금방 찾을 수 있단다.

1. 일주일은 7일. 7일마다 요일이 반복된다.
2. 7일씩 차이 나는 날짜들은 같은 달에는 모두 같은 요일이야.
3. 몇 월에 며칠까지 있는지 알면 계산이 더 쉬워.

1월 – 31일	2월 – 28일
3월 – 31일	4월 – 30일
5월 – 31일	6월 – 30일
7월 – 31일	8월 – 31일
9월 – 30일	10월 – 31일
11월 – 30일	12월 – 31일

Tip 요일을 계산할 때는 기준으로 주어진 날을 빼고 계산한다.

7일씩 차이 나는 이 날짜들은 2020년 5월에 모두 토요일

2020년 5월 1일은 금요일, 5월 남은 날은 30일, 6월부터 11월까지 남은 날 183일, 12월은 25일, 모두 더하면 30+183+25=238일 238÷7=34…0 나머지가 없으므로 12월 25일은 금요일

♥ 막대 그래프와 그림 그래프

조사한 내용을 전달할 때 어떤 방법을 쓰면 좋을까? 글로 쓰는 것보다 도표로 정리하면 내용을 금방 알 수 있어. 도표보다 더 쉽게 볼 수 있게 하려면 그림으로 나타내주면 돼. 이렇게 그림으로 나타내는 것을 그래프라고 한단다. 막대로 조사한 내용의 양을 막대로 표현하면 막대 그래프, 그림으로 표현하면 그림 그래프라고 불러.

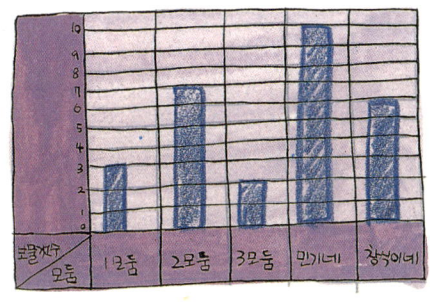

막대 그래프

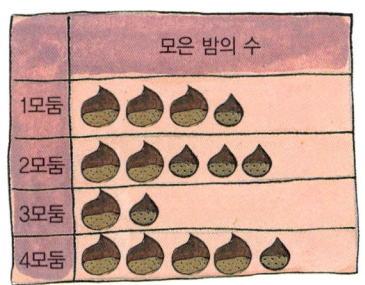

그림 그래프

막대 그래프는 항목들의 많고 적음을 금방 알 수 있단다. 모둠별 보물 개수는 그림 그래프보다 막대 그래프로 그리는 것이 내용을 빨리, 정확하게 알 수 있어.

그림 그래프는 한 가지 항목에 대해 그룹간의 차이를 금방 비교할 수 있어서 좋아. 어느 반에 학생 수가 많은지, 어느 학교에 나무 수가 많은지 한눈에 알아볼 수 있거든.

♥ 그래프 그리기

막대 그래프는 가로와 세로 중 한쪽에 조사한 숫자를 표현하고, 다른 쪽에는 나타낼 항목을 쓰는 거야. 막대 그래프를 정확하게 보여 주기 위해서 눈금은 가장 큰 수까지 나타낼 수 있도록 그려야 해.

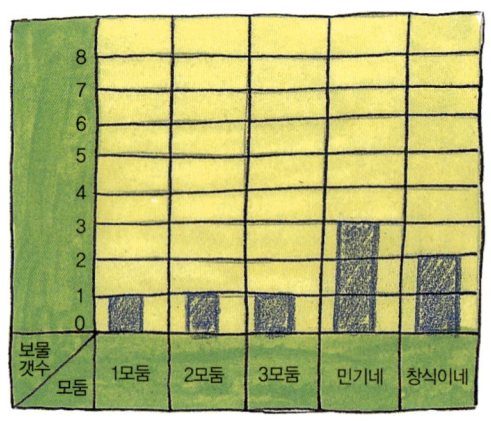

가로 쪽에 나타낼 항목을,
세로 쪽에 조사한 숫자를 표현했어.

그림 그래프는 몇 개의 그림을 사용할지 결정해야 해. 항목은 하나만 정하고, 대신 크기를 비교할 수 있는 그림을 여러 개 그리면 되는 거야. 10개를 뜻하는 그림, 1개를 뜻하는 그림 이렇게 말이야. 그림 그래프 역시 가로와 세로 중 한쪽에 비교할 그룹을 나타내고 비교 그룹 란에 항목의 크기를 그림으로 나타내 주면 예쁜 그림 그래프가 완성된단다.

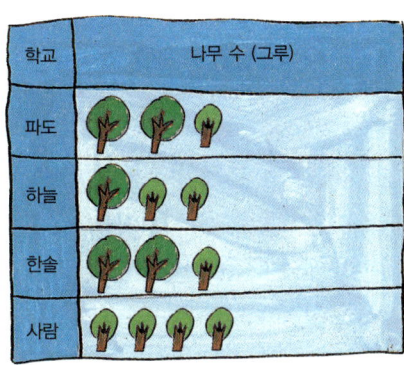

 10그루

 1그루

10그루를 의미하는 큰 나무와 1그루를 의미하는 작은 나무, 두 개의 그림을 이용했어.

도전! 나도 백점

♥ 무슨 놀이를 할까?

어린이날 전교생이 모여 공놀이를 해요. 어떤 공놀이를 할 것인지 정하기 위해 학생들이 좋아하는 공놀이를 조사하기로 했어요. 아래의 그래프를 보고 어떤 공놀이를 할지 정해 보세요.

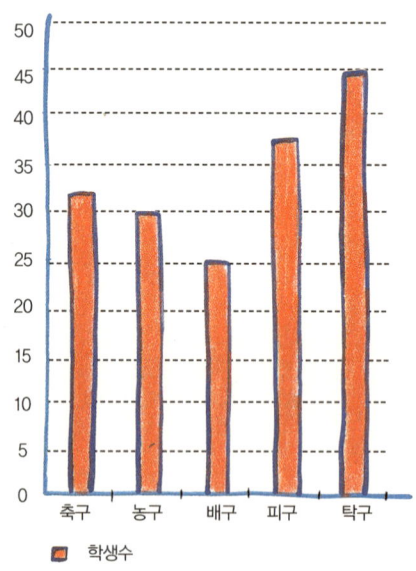

1. 이 그래프는 무슨 그래프일까요?

2. 학생들이 좋아하는 공놀이를 순서대로 말해 보세요.

3. 가장 많은 학생들이 좋아하는 공놀이는 무엇이며, 학생은 몇 명인가요?

4. 공놀이는 어떤 종목으로 정하면 좋을까요?

♥ 밤 줍기 대회

　오늘은 3학년 전체가 뒷동산에 밤을 주으러 왔어요. 모둠별로 흩어져서 밤을 주워요. 잠시 후, 선생님의 호루라기 소리에 반별로 모였어요.

5. 3모둠의 밤 개수는 몇 개일까요?

6. 2모둠보다 적게 밤을 주운 모둠은 몇 모둠가요?

7. 가장 많이 주운 모둠과 가장 적게 주운 모둠의 밤 개수는 몇 개나 차이가 날까요?

8. 밤을 많이 주운 모둠부터 순서대로 말해 보세요.

♥ 1월 1일이 무슨 요일이야?

올해는 2020년이에요. 아래에 있는 달력은 2020년 5월의 달력입니다.

일	월	화	수	목	금	토
					1	2
3	4	5	6	7	8	9
10	11	12	13	14	15	16
17	18	19	20	21	22	23
24	25	26	27	28	29	30
31						

9. 2020년 5월 1일은 금요일이에요. 2021년 1월 1일까지 몇 일이 남았을까요?

10. 남은 날짜를 7로 나누면 나머지가 얼마일까요?

11. 5월 1일을 기준으로 했을 때 나머지가 0인 날은 무슨 요일인가요?

12. 2021년 1월 1일은 무슨 요일인가요?

> **정 답**
>
> 1. 막대 그래프 2. 탁구, 피구, 축구, 농구, 배구 3. 탁구, 45명 4. 탁구 5. 32개 6. 4모둠
> 7. 24개 8. 1모둠, 3모둠, 2모둠, 4모둠 9. 30+30+31+31+30+31+30+31+1=245
> 245일 10. 245 나누기 7 은 35 나머지 0 11. 금요일 12. 금요일